中华

经典诗文诵读

苗禾鸣 潘恩群 主编

四年级

山东教育出版社

图书在版编目（CIP）数据

中华经典诗文诵读. 四年级/苗禾鸣等主编. —济南：
山东教育出版社，2014（2017重印）
ISBN 978-7-5328-8541-1

Ⅰ．①中…　Ⅱ．①苗…　Ⅲ．①古典诗歌—中国—
小学—教学参考资料②文言文—小学—教学参考资料
Ⅳ．① G624.203

中国版本图书馆 CIP 数据核字（2014）第 190426 号

中华经典诗文诵读

苗禾鸣　潘恩群　主编

四年级

主　管：山东出版传媒股份有限公司
出版者：山东教育出版社
　　　　（济南市纬一路321号　邮编：250001）
电　话：（0531）82092664　传　真：（0531）82092625
网　址：sjs.com.cn
发行者：山东教育出版社
印　刷：山东新华印务有限责任公司
版　次：2014年9月第1版第1次印刷　2017年6月第3次印刷
规　格：787mm×1092mm　16开本
印　张：8印张
字　数：96千字
印　数：20 001~　册
书　号：ISBN 978-7-5328-8541-1
定　价：15.00元

（如印装质量有问题，请与印刷厂联系调换）
印厂电话：0531-82079112

《中华经典诗文诵读》学术委员会

主　　任：吴庆峰（山东师范大学文学院教授）

副 主 任：张文国（山东师范大学文学院院长、教授）

　　　　　孙书文（山东师范大学文学院副院长、教授）

成　　员：王其和（山东师范大学文学院副教授）

　　　　　沈基松（山东师范大学文学院副教授）

　　　　　韩霜梅（山东师范大学文学院副教授）

　　　　　王德高（《齐鲁晚报》山东新闻中心主编）

　　　　　许　椿（山东师范大学附属小学家委会主任）

　　　　　解　鹏（山东师范大学附属小学家委会主任）

《中华经典诗文诵读》编辑委员会

主　　编：苗禾鸣　潘恩群

副 主 编：张　芳　薛　菲　孙艳梅　张　磊

编　　委：苗禾鸣　刘其彬　刘　松　潘恩群　肖宝民　张　磊

　　　　　刘铭泉　张　宁　刘贵华　陈好兰　任丽华　张　光

　　　　　武　艳　王　敏　陈彬彬　李新征　马红梅　陈仁波

　　　　　戴秀宏　马居文　周方水　张　芳　薛　菲　孙艳梅

文字编辑：潘恩群　张　芳　薛　菲　孙艳梅　于英新　张　垚

　　　　　张　淼　阴泓欣　张冠军　李红玲　张　欣　吕　娜

　　　　　左妍妍　孔玲敏　范新瑞　和骊麟　姜　旭　陈淑燕

　　　　　魏真真　王伟静　张白白　方　迎　马　麟　王　静

　　　　　潘业男

插图编辑：徐凯妮　方焕灵　侯阳阳　李晓林　马　强　司马广智

　　　　　王　敏　王雅静　张　杨　周　林　訾兆辉　邹媛媛

前　言

　　中华历史，源远流长；中华诗文，博大精深。伴随着我国改革开放价值理性的回归，中华诗文诵读对积淀学生人文素养、塑造少年儿童健康人格的重要作用，日益得到全社会有识之士的认同。适值教育部发布《完善中华优秀传统文化教育指导纲要》之际，我们精心编选了《中华经典诗文诵读》丛书，旨在通过这套丛书为家校书香氛围浓厚的各年级小学生提供梯度适宜、内容丰富、形式新颖的诗文诵读套餐，为学生人文素养的形成提供中国经典文化的积淀。

　　《中华经典诗文诵读》丛书，是在山东省中华诗文教育学会聘请山东师范大学文学院教授学术团队指导下，由山东师范大学附属小学语文骨干教师吸收学校多年来学生诗文诵读的成功经验编选而成的。每册读本均由"经典诗词、分类诗词、蒙学诵读、百家览胜、古文选粹"五大板块构成，旨在为学生打开一扇经典诗文诵读的窗口，引领他们汲取诗文精华的丰富营养。

　　如果将知识分为原本和派生两个类别，那么本丛书所编选的"中华经典诗文"内容，就属于启蒙学生的原本性精神读物。本丛书在编选和运用方面，特别突出了以下五项原则：

　　1. 个性化原则。学生手里通常只有一套语文教材，而学生的兴趣素养、学业发展水平则是因人而异的，因此，学校应提供个性化的补充性提升素材。本丛书的使用应本着个性化的原则，照顾学生不同程度的阅读取向。

　　2. 阶梯性原则。本丛书在五大板块内容选定上，体现了由浅入深、由易到难、由少到多的阶梯性原则。如经典诗词共12个级别，每册2级，每级由精华诗词20首和拓展诗词10首组成，以A-B方式排序。"A"代表级别，"B"代表该级第几首。分类诗词以A-B-C方式排序，"A"代表几年级，"B"代表类别，"C"代表该类第几首。"蒙学诵读"依次选定了《百家姓》、《三字经》、《弟子规》、《千字文》、《幼学琼林》，体现了阶梯性原则。"百家览胜"与"古文选粹"也是这样。

3. 诵读性原则。我们编选的诗文，特别注重韵律的和谐与优美，注重作品的内在节奏，即要有真正的"可读性"。谈到古文诵读，南宋朱熹认为，"要读得字字响亮，不可误一字，不可少一字，不可多一字，不可倒一字，不可牵强暗记，只要多诵数遍，自然上口，久远不忘"。清代曾国藩谈到自己的诵读体会时说："非高声朗读则不能展其雄伟之概，非密咏恬吟则不能探其深远之韵。"可见，诵读不仅要声音洪亮，疾徐有致，还要眼到、口到、耳到、心到，全身心地投入，从诵读中体会节奏，品味作品的情趣和神韵。

4. 评价性原则。为培养学生自主学习评价能力，我们为学生设计了"诵诗文·得A星·做状元·我能行"量化表附在文后。表中对于每一板块的每一课均给出了相应的A值，并给出了班级、年级、校级诗文小状元三种A星积累评价标准。这些标准不追求对诗文内容的全部掌握，同学们可根据个人学习兴趣与能力，从自己感兴趣的任意板块、任意一课开始诵读。正所谓有余力，则学文。同学们若日积月累坚持诵读，必能有所收获。

5. 趣味性原则。为了照顾儿童感性思维的特点，我们把故事性趣读作为大多数课例的构件之一，目的在于通过大量故事的引入，增强本丛书的趣味性。教师和家长在引导学生诵读的过程中，要尝试故事导趣的办法，先读听故事激发兴趣，再鼓励学生诵读原文，这将会起到事半功倍的效果。

由于时间仓促，错误之处在所难免，敬请读者批评指正。

编　者

2014年6月

《中华经典诗文诵读》一至六年级内容框架表

年级	经典诗词	分类诗词	蒙学诵读	百家览胜	古文选粹
一年级	诗词一级30首 诗词二级30首 韵律·一东 韵律·四支	春之歌10首 夏之诵10首 秋之韵10首 冬之咏10首	《百家姓》 全文10课	《论语》 节选6课	1. 舜耕历山　6. 一字之师 2. 薛谭学讴　7. 怀素写字 3. 曹冲称象　8. 贾岛苦吟 4. 王戎识李　9. 小儿击瓮 5. 铁杵磨针　10. 王冕好学
二年级	诗词三级30首 诗词四级30首 韵律·五微 韵律·七虞	风之歌10首 云之诵10首 雨之韵10首 雪之咏10首	《三字经》 全文10课	《论语》 节选6课	1. 女娲补天　6. 东施效颦 2. 夸父逐日　7. 守株待兔 3. 精卫填海　8. 滥竽充数 4. 叶公好龙　9. 自相矛盾 5. 歧路亡羊　10. 刻舟求剑
三年级	诗词五级30首 诗词六级30首 韵律·九佳 韵律·十一真	梅之洁10首 兰之雅10首 竹之劲10首 菊之傲10首	《弟子规》 全文10课	《论语》 节选6课 《韩非子》 节选4课	第1单元 描景状物类6课 第2单元 写人叙事类6课 第3单元 抒情说理类4课
四年级	诗词七级30首 诗词八级30首 韵律·十二文 韵律·一先	中秋重阳10首 新春佳节10首 元宵佳节10首 清明端午10首	《千字文》 全文10课	《孟子》 节选6课 《荀子》 节选4课	第1单元 描景状物类6课 第2单元 写人叙事类6课 第3单元 抒情说理类4课
五年级	诗词九级30首 诗词十级30首 韵律·三肴 韵律·六麻	童趣诵10首 劝学咏10首 送别情10首 田园韵10首	《幼学琼林》 节选10课	《大学》 节选6课 《墨子》 节选4课 《孙子》 节选4课	第1单元 描景状物类6课 第2单元 写人叙事类6课 第3单元 抒情说理类4课
六年级	诗词十一级30首 诗词十二级30首 韵律·七阳 韵律·十一尤	泉城美10首 山河颂10首 边塞情10首 寓理诗10首	《幼学琼林》 节选10课	《中庸》 节选6课 《庄子》 节选4课 《老子》 节选4课	第1单元 描景状物类6课 第2单元 写人叙事类6课 第3单元 抒情说理类4课

《中华经典诗文诵读》（四年级）诗词索引表

目录

经典诗词

第1单元　诗词七级30首

第1课　七级精华20首（1–5）

7-1 黄鹤楼送孟浩然之广陵

唐·李白

故人西辞黄鹤楼，烟花三月下扬州。

孤帆远影碧空尽，唯见长江天际流。

7-2 闻王昌龄左迁龙标遥有此寄

唐·李白

杨花落尽子规啼，闻道龙标过五溪。

我寄愁心与明月，随风直到夜郎西。

7-3

yǔ shǐ láng zhōng qīn tīng huáng hè lóu shàng chuī dí
与史郎中钦听黄鹤楼上吹笛

唐·李白

yí wèi qiān kè qù cháng shā xī wàng cháng ān bú jiàn jiā
一为迁客去长沙，西望长安不见家。

huáng hè lóu zhōng chuī yù dí jiāng chéng wǔ yuè luò méi huā
黄鹤楼中吹玉笛，江城五月落梅花。

7-4

zèng mèng hào rán
赠孟浩然

唐·李白

wú ài mèng fū zǐ fēng liú tiān xià wén
吾爱孟夫子，风流天下闻。

hóng yán qì xuān miǎn bái shǒu wò sōng yún
红颜弃轩冕，白首卧松云。

zuì yuè pín zhōng shèng mí huā bú shì jūn
醉月频中圣，迷花不事君。

gāo shān ān kě yǎng tú cǐ yī qīng fēn
高山安可仰，徒此揖清芬。

7-5

dēng jīn líng fèng huáng tái
登金陵凤凰台

唐·李白

fèng huáng tái shàng fèng huáng yóu fèng qù tái kōng jiāng zì liú
凤凰台上凤凰游，凤去台空江自流。

wú gōng huā cǎo mái yōu jìng jìn dài yī guān chéng gǔ qiū
吴宫花草埋幽径，晋代衣冠成古丘。

sān shān bàn luò qīng tiān wài yì shuǐ zhōng fēn bái lù zhōu
三山半落青天外，一水中分白鹭洲。

zǒng wèi fú yún néng bì rì cháng ān bú jiàn shǐ rén chóu
总为浮云能蔽日，长安不见使人愁。

第2课　七级精华20首（6—10）

7-6

tí xī lín bì
题 西 林 壁

宋·苏轼

héng kàn chéng lǐng cè chéng fēng yuǎn jìn gāo dī gè bù tóng
横 看 成 岭 侧 成 峰，远 近 高 低 各 不 同。

bù shí lú shān zhēn miàn mù zhǐ yuán shēn zài cǐ shān zhōng
不 识 庐 山 真 面 目，只 缘 身 在 此 山 中。

7-7

qín shī
琴 诗

宋·苏轼

ruò yán qín shàng yǒu qín shēng fàng zài xiá zhōng hé bù míng
若 言 琴 上 有 琴 声，放 在 匣 中 何 不 鸣？

ruò yán shēng zài zhǐ tóu shàng hé bù yú jūn zhǐ shàng tīng
若 言 声 在 指 头 上，何 不 于 君 指 上 听？

7-8

hǎi táng
海 棠

宋·苏轼

dōng fēng niǎo niǎo fàn chóng guāng xiāng wù kōng méng yuè zhuǎn láng
东 风 袅 袅 泛 崇 光，香 雾 空 蒙 月 转 廊。

zhǐ kǒng yè shēn huā shuì qù gù shāo gāo zhú zhào hóng zhuāng
只 恐 夜 深 花 睡 去，故 烧 高 烛 照 红 妆。

经典诗词

7-9

东栏梨花
dōng lán lí huā

宋·苏轼

梨花淡白柳深青，柳絮飞时花满城。
lí huā dàn bái liǔ shēn qīng liǔ xù fēi shí huā mǎn chéng

惆怅东栏一株雪，人生看得几清明？
chóu chàng dōng lán yì zhū xuě rén shēng kàn dé jǐ qīng míng

7-10

江城子
jiāng chéng zǐ

密州出猎
mì zhōu chū liè

宋·苏轼

老夫聊发少年狂，左牵黄，右擎苍，锦
lǎo fū liáo fā shào nián kuáng zuǒ qiān huáng yòu qíng cāng jǐn

帽貂裘，千骑卷平冈。为报倾城随太守，亲
mào diāo qiú qiān jì juǎn píng gāng wèi bào qīng chéng suí tài shǒu qīn

射虎，看孙郎。　　酒酣胸胆尚开张，鬓微
shè hǔ kàn sūn láng jiǔ hān xiōng dǎn shàng kāi zhāng bìn wēi

霜，又何妨。持节云中，何日遣冯唐？会挽雕
shuāng yòu hé fáng chí jié yún zhōng hé rì qiǎn féng táng huì wǎn diāo

弓如满月，西北望，射天狼。
gōng rú mǎn yuè xī běi wàng shè tiān láng

师生画廊

中华经典诗文诵读 四年级

4

第3课　七级精华20首（11-15）

7-11

马诗二十三首（其五）

唐·李贺

大漠沙如雪，燕山月似钩。

何当金络脑，快走踏清秋。

7-12

南园十三首（其五）

唐·李贺

男儿何不带吴钩，收取关山五十州？

请君暂上凌烟阁，若个书生万户侯？

7-13

陇西行四首（其二）

唐·陈陶

誓扫匈奴不顾身，五千貂锦丧胡尘。

可怜无定河边骨，犹是春闺梦里人。

7-14 从军行
cóng jūn xíng

唐·杨炯（jiǒng）

烽火照西京，心中自不平。
fēng huǒ zhào xī jīng xīn zhōng zì bù píng

牙璋辞凤阙，铁骑绕龙城。
yá zhāng cí fèng què tiě jì rào lóng chéng

雪暗凋旗画，风多杂鼓声。
xuě àn diāo qí huà fēng duō zá gǔ shēng

宁为百夫长，胜作一书生。
nìng wéi bǎi fū zhǎng shèng zuò yì shū shēng

7-15 望蓟门
wàng jì mén

唐·祖咏

燕台一望客心惊，笳鼓喧喧汉将营。
yān tái yí wàng kè xīn jīng jiā gǔ xuān xuān hàn jiàng yíng

万里寒光生积雪，三边曙色动危旌。
wàn lǐ hán guāng shēng jī xuě sān biān shǔ sè dòng wēi jīng

沙场烽火连胡月，海畔云山拥蓟城。
shā chǎng fēng huǒ lián hú yuè hǎi pàn yún shān yōng jì chéng

少小虽非投笔吏，论功还欲请长缨。
shào xiǎo suī fēi tóu bǐ lì lùn gōng hái yù qǐng cháng yīng

第4课 七级精华20首（16-20）

7-16

gū sū huái gǔ
姑 苏 怀 古

宋·姜夔（kuí）

yè àn guī yún rào duò yá   jiāng hán xīng yǐng lù mián shā
夜 暗 归 云 绕 舵 牙， 江 涵 星 影 鹭 眠 沙。

xíng rén chàng wàng sū tái liǔ   céng yǔ wú wáng sǎo luò huā
行 人 怅 望 苏 台 柳， 曾 与 吴 王 扫 落 花。

7-17

shí qī rì guān cháo
十 七 日 观 潮

宋·陈师道

màn màn píng shā zǒu bái hóng   yáo tái shī shǒu yù bēi kōng
漫 漫 平 沙 走 白 虹， 瑶 台 失 手 玉 杯 空。

qíng tiān yáo dòng qīng jiāng dǐ   wǎn rì fú chén jí làng zhōng
晴 天 摇 动 清 江 底， 晚 日 浮 沉 急 浪 中。

7-18

yǒng liáng zhù
咏 梁 祝

清·史承豫

dú shū rén qù shèng huāng tái   suì suì chūn fēng zhǎng yě tái
读 书 人 去 剩 荒 台， 岁 岁 春 风 长 野 苔。

shān shàng táo huā hóng sì huǒ   shuāng shuāng hú dié yòu fēi lái
山 上 桃 花 红 似 火， 双 双 蝴 蝶 又 飞 来。

7-19

相见欢

xiāng jiàn huān

南唐 · 李煜(yù)

无言独上西楼，月如钩。寂寞梧桐深
wú yán dú shàng xī lóu　yuè rú gōu　jì mò wú tóng shēn

院锁清秋。　剪不断，理还乱，是离愁，别是
yuàn suǒ qīng qiū　jiǎn bú duàn　lǐ hái luàn　shì lí chóu　bié shì

一般滋味在心头。
yì bān zī wèi zài xīn tóu

7-20

虞美人

yú měi rén

南唐 · 李煜

春花秋月何时了，往事知多少。小楼昨
chūn huā qiū yuè hé shí liǎo　wǎng shì zhī duō shǎo　xiǎo lóu zuó

夜又东风，故国不堪回首月明中。　雕栏
yè yòu dōng fēng　gù guó bù kān huí shǒu yuè míng zhōng　diāo lán

玉砌应犹在，只是朱颜改。问君能有几多
yù qì yīng yóu zài　zhǐ shì zhū yán gǎi　wèn jūn néng yǒu jǐ duō

愁，恰似一江春水向东流。
chóu　qià sì yì jiāng chūn shuǐ xiàng dōng liú

第5课 七级扩展10首（1-5）

7-21

wén lè tiān shòu jiāng zhōu sī mǎ
闻乐天授江州司马

唐·元稹（zhěn）

cán dēng wú yàn yǐng chuángchuáng cǐ xī wén jūn zhé jiǔ jiāng
残灯无焰影幢幢，此夕闻君谪九江。

chuí sǐ bìng zhōng jīng zuò qǐ àn fēng chuī yǔ rù hán chuāng
垂死病中惊坐起，暗风吹雨入寒窗。

7-22

zhōu zhōng dú yuán jiǔ shī
舟中读元九诗

唐·白居易

bǎ jūn shī juàn dēng qián dú shī jìn dēng cán tiān wèi míng
把君诗卷灯前读，诗尽灯残天未明。

yǎn tòng miè dēng yóu àn zuò nì fēng chuī làng dǎ chuánshēng
眼痛灭灯犹暗坐，逆风吹浪打船声。

7-23

dé lè tiān shū
得乐天书

唐·元稹

yuǎn xìn rù mén xiān yǒu lèi qī jīng rǔ kū wèn hé rú
远信入门先有泪，妻惊女哭问何如。

xún cháng bù xǐng céng rú cǐ yīng shì jiāng zhōu sī mǎ shū
寻常不省曾如此，应是江州司马书！

经典诗词

7-24

lí sī wǔ shǒu
离思五首（其四）

唐·元稹

céng jīng cāng hǎi nán wéi shuǐ　chú què wū shān bú shì yún
曾 经 沧 海 难 为 水，除 却 巫 山 不 是 云。

qǔ cì huā cóng lǎn huí gù　bàn yuán xiū dào bàn yuán jūn
取 次 花 丛 懒 回 顾，半 缘 修 道 半 缘 君。

7-25

chá
茶

唐·元稹

chá
茶，

xiāng yè nèn yá
香 叶，嫩 芽。

mù shī kè ài sēng jiā
慕 诗 客，爱 僧 家。

niǎn diāo bái yù luó zhī hóng shā
碾 雕 白 玉，罗 织 红 纱。

diào jiān huáng ruǐ sè wǎn zhuǎn qū chén huā
铫 煎 黄 蕊 色，碗 转 曲 尘 花。

yè hòu yāo péi míng yuè chén qián mìng duì zhāo xiá
夜 后 邀 陪 明 月，晨 前 命 对 朝 霞。

xǐ jìn gǔ jīn rén bú juàn jiāng zhī zuì hòu qǐ kān kuā
洗 尽 古 今 人 不 倦，将 知 醉 后 岂 堪 夸！

第6课 七级扩展10首（6-10）

7-26 赠别二首（其二）
zèng bié èr shǒu

唐·杜牧

duō qíng què sì zǒng wú qíng wéi jué zūn qián xiào bù chéng
多情却似总无情，唯觉樽前笑不成。

là zhú yǒu xīn hái xī bié tì rén chuí lèi dào tiān míng
蜡烛有心还惜别，替人垂泪到天明。

7-27 将赴吴兴登乐游原一绝
jiāng fù wú xīng dēng lè yóu yuán yì jué

唐·杜牧

qīng shí yǒu wèi shì wú néng xián ài gū yún jìng ài sēng
清时有味是无能，闲爱孤云静爱僧。

yù bǎ yì huī jiāng hǎi qù lè yóu yuán shàng wàng zhāo líng
欲把一麾江海去，乐游原上望昭陵。

7-28 赠从弟（其二）
zèng cóng dì

汉·刘桢（zhēn）

tíng tíng shān shàng sōng sè sè gǔ zhōng fēng
亭亭山上松，瑟瑟谷中风。

fēng shēng yì hé shèng sōng zhī yì hé jìng
风声一何盛，松枝一何劲。

bīng shuāng zhèng cǎn qī zhōng suì cháng duān zhèng
冰霜正惨凄，终岁常端正。

qǐ bù lí níng hán sōng bǎi yǒu běn xìng
岂不罹凝寒，松柏有本性！

经典诗词

7-29

秋日

宋·程颢（hào）

闲来无事不从容，睡觉东窗日已红。

万物静观皆自得，四时佳兴与人同。

道通天地有形外，思入风云变态中。

富贵不淫贫贱乐，男儿到此是豪雄。

7-30

水仙子

夜雨

元·徐再思

一声梧叶一声秋，一点芭蕉一点愁，

三更归梦三更后。落灯花，棋未收，叹新丰

逆旅淹留。枕上十年事，江南二老忧，都到

心头。

第1课　八级精华20首（1-5）

8-1
wàng dòng tíng
望洞庭

唐·刘禹锡

hú guāng qiū yuè liǎng xiāng hé，tán miàn wú fēng jìng wèi mó
湖 光 秋 月 两 相 和，潭 面 无 风 镜 未 磨。

yáo wàng dòng tíng shān shuǐ cuì，bái yín pán lǐ yì qīng luó
遥 望 洞 庭 山 水 翠，白 银 盘 里 一 青 螺。

8-2
wū yī xiàng
乌衣巷

唐·刘禹锡

zhū què qiáo biān yě cǎo huā，wū yī xiàng kǒu xī yáng xié
朱 雀 桥 边 野 草 花，乌 衣 巷 口 夕 阳 斜。

jiù shí wáng xiè táng qián yàn，fēi rù xún cháng bǎi xìng jiā
旧 时 王 谢 堂 前 燕，飞 入 寻 常 百 姓 家。

8-3
zhú zhī cí
竹枝词（其一）

唐·刘禹锡

yáng liǔ qīng qīng jiāng shuǐ píng，wén láng jiāng shàng chàng gē shēng
杨 柳 青 青 江 水 平，闻 郎 江 上 唱 歌 声。

dōng biān rì chū xī biān yǔ，dào shì wú qíng què yǒu qíng
东 边 日 出 西 边 雨，道 是 无 晴 却 有 晴。

经典诗词

8-4

竹枝词（其二）
zhú zhī cí

唐·刘禹锡

chǔ shuǐ bā shān jiāng yǔ duō　　bā rén néng chàng běn xiāng gē
楚 水 巴 山 江 雨 多，巴 人 能 唱 本 乡 歌。

jīn zhāo běi kè sī guī qù　　huí rù hé nà pī lǜ luó
今 朝 北 客 思 归 去，回 入 纥 那 披 绿 罗。

8-5

西塞山怀古
xī sài shān huái gǔ

唐·刘禹锡

wáng jùn lóu chuán xià yì zhōu　　jīn líng wáng qì àn rán shōu
王 濬 楼 船 下 益 州，金 陵 王 气 黯 然 收。

qiān xún tiě suǒ chén jiāng dǐ　　yí piàn xiáng fān chū shí tou
千 寻 铁 锁 沉 江 底，一 片 降 幡 出 石 头。

rén shì jǐ huí shāng wǎng shì　　shān xíng yī jiù zhěn hán liú
人 世 几 回 伤 往 事，山 形 依 旧 枕 寒 流。

jīn féng sì hǎi wéi jiā rì　　gù lěi xiāo xiāo lú dí qiū
今 逢 四 海 为 家 日，故 垒 萧 萧 芦 荻 秋。

师生画廊

第2课 八级精华20首（6-10）

8-6

dà lín sì táo huā
大林寺桃花

唐·白居易

rén jiān sì yuè fāng fēi jìn shān sì táo huā shǐ shèng kāi
人 间 四 月 芳 菲 尽，山 寺 桃 花 始 盛 开。

cháng hèn chūn guī wú mì chù bù zhī zhuǎn rù cǐ zhōng lái
长 恨 春 归 无 觅 处，不 知 转 入 此 中 来。

8-7

cūn yè
村 夜

唐·白居易

shuāng cǎo cāng cāng chóng qiè qiè cūn nán cūn běi xíng rén jué
霜 草 苍 苍 虫 切 切，村 南 村 北 行 人 绝。

dú chū qián mén wàng yě tián yuè míng qiáo mài huā rú xuě
独 出 前 门 望 野 田，月 明 荞 麦 花 如 雪。

8-8

yì jiāng nán cí sān shǒu
忆江南词三首

唐·白居易

jiāng nán hǎo fēng jǐng jiù céng ān rì chū jiāng huā hóng
江 南 好，风 景 旧 曾 谙。日 出 江 花 红

shèng huǒ chūn lái jiāng shuǐ lù rú lán néng bú yì jiāng nán
胜 火，春 来 江 水 绿 如 蓝。能 不 忆 江 南？

jiāng nán yì zuì yì shì háng zhōu shān sì yuè zhōng xún
江 南 忆，最 忆 是 杭 州。山 寺 月 中 寻

guì zǐ jùn tíng zhěn shàng kàn cháo tóu hé rì gèng chóng yóu
桂 子，郡 亭 枕 上 看 潮 头。何 日 更 重 游？

jiāng nán yì qí cì yì wú gōng wú jiǔ yì bēi chūn
江 南 忆，其 次 忆 吴 宫。吴 酒 一 杯 春

zhú yè wú wá shuāng wǔ zuì fú róng zǎo wǎn fù xiāng féng
竹 叶，吴 娃 双 舞 醉 芙 蓉。早 晚 复 相 逢？

8-9

pí pa xíng
琵琶行（节选）

唐·白居易

xún yáng jiāng tóu yè sòng kè fēng yè dí huā qiū sè sè
浔阳江头夜送客，枫叶荻花秋瑟瑟。

zhǔ rén xià mǎ kè zài chuán jǔ jiǔ yù yǐn wú guǎn xián
主人下马客在船，举酒欲饮无管弦。

zuì bù chéng huān cǎn jiāng bié bié shí máng máng jiāng jìn yuè
醉不成欢惨将别，别时茫茫江浸月。

hū wén shuǐ shàng pí pa shēng zhǔ rén wàng guī kè bù fā
忽闻水上琵琶声，主人忘归客不发。

8-10

wàng yuè yǒu gǎn
望月有感①

唐·白居易

自河南经乱，关内阻饥，兄弟离散，各在一处。因望月有感，聊书所怀，寄上浮梁大兄、於（wū）潜七兄、乌江十五兄，兼示符离及下邽（guī）弟妹。

shí nàn nián huāng shì yè kōng dì xiōng jī lǚ gè xī dōng
时难年荒世业空，弟兄羁旅各西东。

tián yuán liáo luò gān gē hòu gǔ ròu liú lí dào lù zhōng
田园寥落干戈后，骨肉流离道路中。

diào yǐng fēn wéi qiān lǐ yàn cí gēn sàn zuò jiǔ qiū péng
吊影分为千里雁，辞根散作九秋蓬。

gòng kàn míng yuè yīng chuí lèi yí yè xiāng xīn wǔ chù tóng
共看明月应垂泪，一夜乡心五处同。

---

① 题目为编者所加。

第3课　八级精华20首（11-15）

8-11

社日
唐·王驾

鹅湖山下稻粱肥，豚栅鸡栖半掩扉。
桑柘影斜春社散，家家扶得醉人归。

8-12

雨晴
唐·王驾

雨前初见花间蕊，雨后全无叶里花。
蜂蝶飞来过墙去，却疑春色在邻家。

8-13

渔歌子
唐·张志和

西塞山前白鹭飞，桃花流水鳜鱼肥。
青箬笠，绿蓑衣，斜风细雨不须归。

新晴
xīn qíng

宋·刘攽（bān）

青苔满地初晴后，绿树无人昼梦余。
qīng tái mǎn dì chū qíng hòu　lù shù wú rén zhòu mèng yú

惟有南风旧相识，偷开门户又翻书。
wéi yǒu nán fēng jiù xiāng shí　tōu kāi mén hù yòu fān shū

江村
jiāng cūn

唐·杜甫

清江一曲抱村流，长夏江村事事幽。
qīng jiāng yì qǔ bào cūn liú　cháng xià jiāng cūn shì shì yōu

自去自来梁上燕，相亲相近水中鸥。
zì qù zì lái liáng shàng yàn　xiāng qīn xiāng jìn shuǐ zhōng ōu

老妻画纸为棋局，稚子敲针作钓钩。
lǎo qī huà zhǐ wéi qí jú　zhì zǐ qiāo zhēn zuò diào gōu

但有故人供禄米，微躯此外更何求？
dàn yǒu gù rén gōng lù mǐ　wēi qū cǐ wài gèng hé qiú

师生画廊

中华经典诗文诵读 四年级

第4课 八级精华20首（16–20）

8-16

乡村四月

宋·翁卷

绿遍山原白满川，子规声里雨如烟。
乡村四月闲人少，才了蚕桑又插田。

8-17

江村即事

唐·司空曙

钓罢归来不系船，江村月落正堪眠。
纵然一夜风吹去，只在芦花浅水边。

8-18

雨过山村

唐·王建

雨里鸡鸣一两家，竹溪村路板桥斜。
妇姑相唤浴蚕去，闲看中庭栀子花。

经典诗词

8-19

将至桐城

清·王士祯（zhēn）

溪路行将尽，初过北峡关。

几行红叶树，无数夕阳山。

乡信凭黄耳，归心放白鹇。

龙眠图画里，安得一追攀？

8-20

鹊桥仙

宋·秦观

纤云弄巧，飞星传恨，银汉迢迢暗度。

金风玉露一相逢，便胜却人间无数。柔

情似水，佳期如梦，忍顾鹊桥归路。两情若

是久长时，又岂在朝朝暮暮。

第5课　八级扩展10首（1-5）

8-21

cóng jūn xíng qī shǒu
从 军 行 七 首（其二）

唐·王昌龄

pí pa qǐ wǔ huàn xīn shēng zǒng shì guān shān jiù bié qíng
琵 琶 起 舞 换 新 声，总 是 关 山 旧 别 情。

liáo luàn biān chóu tīng bú jìn gāo gāo qiū yuè zhào cháng chéng
撩 乱 边 愁 听 不 尽，高 高 秋 月 照 长 城。

8-22

cóng jūn xíng qī shǒu
从 军 行 七 首（其四）

唐·王昌龄

qīng hǎi cháng yún àn xuě shān gū chéng yáo wàng yù mén guān
青 海 长 云 暗 雪 山，孤 城 遥 望 玉 门 关。

huáng shā bǎi zhàn chuān jīn jiǎ bú pò lóu lán zhōng bù huán
黄 沙 百 战 穿 金 甲，不 破 楼 兰 终 不 还。

8-23

cóng jūn xíng qī shǒu
从 军 行 七 首（其五）

唐·王昌龄

dà mò fēng chén rì sè hūn hóng qí bàn juǎn chū yuán mén
大 漠 风 尘 日 色 昏，红 旗 半 卷 出 辕 门。

qián jūn yè zhàn táo hé běi yǐ bào shēng qín tǔ yù hún
前 军 夜 战 洮 河 北，已 报 生 擒 吐 谷 浑。

经典诗词

8-24

十五从军征

汉·乐府

十五从军征，八十始得归。

道逢乡里人："家中有阿谁？"

"遥看是君家，松柏冢累累。"

兔从狗窦入，雉从梁上飞。

中庭生旅谷，井上生旅葵。

舂谷持作饭，采葵持作羹。

羹饭一时熟，不知贻阿谁？

出门东向望，泪落沾我衣。

8-25

咸阳城西楼晚眺

唐·许浑

一上高城万里愁，蒹葭杨柳似汀洲。

溪云初起日沉阁，山雨欲来风满楼。

鸟下绿芜秦苑夕，蝉鸣黄叶汉宫秋。

行人莫问当年事，故国东来渭水流。

第6课　八级扩展10首（6-10）

8-26

yú měi rén
虞美人

tīng yǔ
听雨

宋·蒋捷

shào nián tīng yǔ gē lóu shàng hóng zhú hūn luó zhàng
少年听雨歌楼上，红烛昏罗帐。

zhuàng nián tīng yǔ kè zhōu zhōng jiāng kuò yún dī duàn yàn jiào xī
壮年听雨客舟中，江阔云低、断雁叫西

fēng ér jīn tīng yǔ sēng lú xià bìn yǐ xīng xīng yě bēi
风。而今听雨僧庐下，鬓已星星也。悲

huān lí hé zǒng wú qíng yí rèn jiē qián diǎn dī dào tiān míng
欢离合总无情，一任阶前、点滴到天明。

8-27

chǒu nú er
丑奴儿

shū bó shān dào zhōng bì
书博山道中壁

宋·辛弃疾

shào nián bù shí chóu zī wèi ài shàng céng lóu ài shàng
少年不识愁滋味，爱上层楼。爱上

céng lóu wèi fù xīn cí qiáng shuō chóu ér jīn shí jìn chóu
层楼，为赋新词强说愁。而今识尽愁

zī wèi yù shuō hái xiū yù shuō hái xiū què dào tiān liáng hǎo gè
滋味，欲说还休。欲说还休，却道天凉好个

qiū
秋。

8-28

菩萨蛮

书江西造口壁

宋·辛弃疾

郁孤台下清江水，中间多少行人泪。

西北望长安，可怜无数山。 青山遮不住，

毕竟东流去。江晚正愁余，山深闻鹧鸪。

8-29

鹧鸪天

送人

宋·辛弃疾

唱彻《阳关》泪未干，功名馀事且加

餐。浮天水送无穷树，带雨云埋一半山。

今古恨，几千般，只应离合是悲欢？江头未

是风波恶，别有人间行路难。

8-30

蝶恋花

宋·柳永

伫倚危楼风细细，望极春愁，黯黯生

天际。草色烟光残照里，无言谁会凭阑

意。 拟把疏狂图一醉，对酒当歌，强乐还

无味。衣带渐宽终不悔，为伊消得人憔悴。

第3单元 诗词韵律

第1课 韵律·十二文

1. 词 对 赋，懒 对 勤，类 聚 对 群 分。鸾 箫 对
凤 笛，带 草 对 香 芸。燕 许 笔，韩 柳 文，旧 话 对
新 闻。赫 赫 周 南 仲，翩 翩 晋 右 军。六 国 说 成
苏 子 贵，两 京 收 复 郭 公 勋。汉 阙 陈 书，侃 侃
忠 言 推 贾 谊；唐 廷 对 策，岩 岩 直 谏 有 刘 蕡。

——《笠翁对韵》（上卷）

2. 尧 对 舜，夏 对 殷，蔡 茂 对 刘 蕡。山 明 对
水 秀，五 典 对 三 坟。唐 李 杜，晋 机 云，事 父 对
忠 君。雨 晴 鸠 唤 妇，霜 冷 雁 呼 群。酒 量 洪
深 周 仆 射，诗 才 俊 逸 鲍 参 军。鸟 翼 长 随，凤
兮 洵 众 禽 长；狐 威 不 假，虎 也 真 百 兽 尊。

——《声律启蒙》（上卷）

趣读

苏轼妙对道人

一次，苏轼游览莫干山，累了就到一座小庙内休憩。庙主道人见他衣着普通、其貌不扬，便冷淡地说："坐。"又喊童子："茶。"交谈数语，道人发现来客学识渊博，谈吐不凡，就把苏轼请到厢房，客气地说："请坐。"呼童子："敬茶。"又聊了一会儿，道人得知此人居然是大名鼎鼎的苏轼，马上又让进客厅，恭敬地说："请上座！"并连忙招呼童子："敬香茶！"

临走，道人请苏轼题联留字。苏轼微微一笑，提笔写就："坐，请坐，请上座；茶，敬茶，敬香茶。"道人一看，知道苏轼在嘲讽自己以貌取人，羞愧极了。

探究

什么叫对仗

我们使用的汉字，每一个字都有字形、读音和字义。人们写诗作文和作对联时，为了让语言更美，很喜欢用汉字玩"派对"的游戏。古人把这叫"对偶"或"对仗"，俗称"对对子"。这里说的"对"，就是"对称"、"对应"的意思。就像盖了座房子，左边有个窗子，右边也会有个窗子与它对应，这就叫"对"。

中国文学中的"对对子"也是这样，在上下相对的两句中，字数相同，所表达的意义也要相关，在每个字的声调上也有相应的规则，就是一句之中平仄相间（jiàn），一联之中平仄相对。如杜甫诗"两个黄鹂鸣翠柳，一行白鹭上青天"，即对仗工整。本套丛书中的"诗词韵律"就全部是对仗。

第 2 课　韵律·一先

1. 寒对暑，日对年，蹴鞠对秋千。丹山对碧水，淡雨对覃烟。歌宛转，貌婵娟，雪鼓对云笺。荒芦栖南雁，疏柳噪秋蝉。洗耳尚逢高士笑，折腰肯受小儿怜。郭泰泛舟，折角半垂梅子雨；山涛骑马，接篱倒著杏花天。

——《笠翁对韵》（下卷）

2. 晴对雨，地对天，天地对山川。山川对草木，赤壁对青田。郑郿鼎，武城弦，木笔对苔钱。金城三月柳，玉井九秋莲。何处春朝风景好，谁家秋夜月华圆。珠缀花梢，千点蔷薇香露；练横树杪，几丝杨柳残烟。

——《声律启蒙》（下卷）

经典诗词

趣读

吴邦泰巧对获赏识

清朝的时候，吴川县水潭村出过一位才思敏捷的神童吴邦泰。有一次，一位爱才的老进士在龙头江上遇上吴邦泰，见他正在冒雨摸蚬（xiǎn），把蚬放在江堤上，便出句考他：

水打龙头蚬；

吴邦泰立即答道：

风鼓鹤嘴鱼。

老进士非常高兴，也看出他很有前途，便收他为养子，供他读书。此后，吴邦泰努力学习，刻苦勤奋，终于考中功名。据说，在他上京应考的时候，考官听说他非常善于对对子，也曾出联试他。考官出的上联是：

蚕结茧，茧牵丝，丝丝织成绫罗锦缎；

吴邦泰立即回答：

羊生毛，毛扎笔，笔笔写出锦绣文章。

不但对仗工整，而且文词华美，用语恰当，故深得考官的赞赏。

探究

双 声

汉语词汇中，有一类词是由声母相同的两个字组成的，这样的词就叫作双声词，如"高冈、仿佛、犹豫"等。在对仗中，人们经常使用双声词来达到一种整齐、和谐的效果。

比如林逋《山园小梅》一诗中，"疏影横斜水清浅，暗香浮动月黄昏"，每句都使用了双声词。出句中的"清浅"，声母都是"q"；对句中的"黄昏"，其声母都是"h"。这样的对仗使得诗句很有节奏感，从而具有音乐美。

分类诗词

第1单元　中秋重阳诗词10首

导　读

　　中秋节是我国的传统佳节。古代帝王有秋天祭月的礼制，节期为农历八月十五，恰逢三秋之半，故名"中秋节"。重阳节，农历九月九日，谐音"久久"，有长久之意，所以又称"老人节"。民间在这一天有登高的风俗，所以重阳节又称"登高节"。

4-1-1 天竺寺八月十五日夜桂子
tiān zhú sì bā yuè shí wǔ rì yè guì zǐ

唐·皮日休

玉颗珊珊下月轮，殿前拾得露华新。
yù kē shān shān xià yuè lún，diàn qián shí dé lù huá xīn。

至今不会天中事，应是嫦娥掷与人。
zhì jīn bú huì tiān zhōng shì，yīng shì cháng é zhì yǔ rén。

4-1-2

十五夜望月
shí wǔ yè wàng yuè

唐 · 王建

中庭地白树栖鸦，冷露无声湿桂花。
zhōng tíng dì bái shù qī yā lěng lù wú shēng shī guì huā

今夜月明人尽望，不知秋思落谁家？
jīn yè yuè míng rén jìn wàng bù zhī qiū sī luò shuí jiā

4-1-3

中秋月
zhōng qiū yuè

宋 · 苏轼

暮云收尽溢清寒，银汉无声转玉盘。
mù yún shōu jìn yì qīng hán yín hàn wú shēng zhuàn yù pán

此生此夜不长好，明月明年何处看？
cǐ shēng cǐ yè bù cháng hǎo míng yuè míng nián hé chù kàn

4-1-4

八月十五日夜湓亭望月
bā yuè shí wǔ rì yè pén tíng wàng yuè

唐 · 白居易

昔年八月十五夜，曲江池畔杏园边。
xī nián bā yuè shí wǔ yè qū jiāng chí pàn xìng yuán biān

今年八月十五夜，湓浦沙头水馆前。
jīn nián bā yuè shí wǔ yè pén pǔ shā tóu shuǐ guǎn qián

西北望乡何处是，东南见月几回圆。
xī běi wàng xiāng hé chù shì dōng nán jiàn yuè jǐ huí yuán

昨风一吹无人会，今夜清光似往年。
zuó fēng yì chuī wú rén huì jīn yè qīng guāng sì wǎng nián

水调歌头
宋·苏轼

丙辰中秋，欢饮达旦，大醉，作此篇，兼怀子由。

明月几时有？把酒问青天。不知天上宫阙，今夕是何年？我欲乘风归去，又恐琼楼玉宇，高处不胜寒。起舞弄清影，何似在人间！ 转朱阁，低绮户，照无眠。不应有恨，何事长向别时圆？人有悲欢离合，月有阴晴圆缺，此事古难全。但愿人长久，千里共婵娟。

九月九日忆山东兄弟
唐·王维

独在异乡为异客，每逢佳节倍思亲。
遥知兄弟登高处，遍插茱萸少一人。

4-1-7

chóng yáng rì zhì xiá dào
重阳日至峡道

唐·张籍

wú xiàn qīng shān xíng yǐ jìn　huí kàn hū jué yuǎn lí jiā
无限青山行已尽，回看忽觉远离家。

féng gāo yù yǐn chóng yáng jiǔ　shān jú jīn zhāo wèi yǒu huā
逢高欲饮重阳酒，山菊今朝未有花。

4-1-8

guò gù rén zhuāng
过故人庄

唐·孟浩然

gù rén jù jī shǔ　yāo wǒ zhì tián jiā
故人具鸡黍，邀我至田家。

lù shù cūn biān hé　qīng shān guō wài xié
绿树村边合，青山郭外斜。

kāi xuān miàn chǎng pǔ　bǎ jiǔ huà sāng má
开轩面场圃，把酒话桑麻。

dài dào chóng yáng rì　hái lái jiù jú huā
待到重阳日，还来就菊花。

4-1-9

zuì huā yīn
醉花阴

宋·李清照

bó wù nóng yún chóu yǒng zhòu　ruì nǎo xiāo jīn shòu　jiā jié
薄雾浓云愁永昼，瑞脑消金兽。佳节

yòu chóng yáng　yù zhěn shā chú　bàn yè liáng chū tòu　dōng lí
又重阳，玉枕纱厨，半夜凉初透。　东篱

bǎ jiǔ huáng hūn hòu　yǒu àn xiāng yíng xiù　mò dào bù xiāo hún lián
把酒黄昏后，有暗香盈袖。莫道不销魂，帘

juǎn xī fēng　rén bǐ huáng huā shòu
卷西风，人比黄花瘦。

采桑子
cǎi sāng zǐ

重阳
chóng yáng

毛泽东　一九二九年十月

人生易老天难老，岁岁重阳。今又
重阳，战地黄花分外香。　一年一度秋
风劲，不似春光。胜似春光，寥廓江天万里
霜。

师生画廊

第2单元　新春佳节诗词10首

导　读

　　春节是一年中最重大的节日，引发了无数文人墨客的万千感触。"爆竹声中一岁除"里，有对岁月流逝的伤感，有对新春景象的歌咏，有对美好生活的祈求，有对亲情感人的描述，也有对生命由衷的感悟。让我们一同诵读感受吧！

4-2-1
除 夜

唐·来鹄（hú）

事关休戚已成空，万里相思一夜中。
愁到晓鸡声绝后，又将憔悴见春风。

4-2-2
除 夜 作

唐·高适

旅馆寒灯独不眠，客心何事转凄然。
故乡今夜思千里，霜鬓明朝又一年。

4-2-3 除夜 chú yè

唐·白居易

bìng yǎn shǎo mián fēi shǒu suì　lǎo xīn duō gǎn yòu lín chūn
病眼少眠非守岁，老心多感又临春。

huǒ xiāo dēng jìn tiān míng hòu　biàn shì píng tóu liù shí rén
火销灯尽天明后，便是平头六十人。

4-2-4 元日酬蔡州马十二尚书去年 yuán rì chóu cài zhōu mǎ shí èr shàng shū qù nián
蔡州元日见寄之什 cài zhōu yuán rì jiàn jì zhī shí

唐·韩愈

yuán rì xīn shī yǐ qù nián　cài zhōu yáo jì hé xiāng lián
元日新诗已去年，蔡州遥寄荷相怜。

jīn zhāo zòng yǒu shuí rén lǐng　zì shì sān fēng bù gǎn mián
今朝纵有谁人领，自是三峰不敢眠。

4-2-5 元日 yuán rì

宋·王安石

bào zhú shēng zhōng yí suì chú　chūn fēng sòng nuǎn rù tú sū
爆竹声中一岁除，春风送暖入屠苏。

qiān mén wàn hù tóng tóng rì　zǒng bǎ xīn táo huàn jiù fú
千门万户瞳瞳日，总把新桃换旧符。

应诏赋得除夜

唐·史青

今岁今宵尽，明年明日催。

寒随一夜去，春逐五更来。

气色空中改，容颜暗里回。

风光人不觉，已著后园梅。

新年作

唐·宋之问

乡心新岁切，天畔独潸然。

老至居人下，春归在客先。

岭猿同旦暮，江柳共风烟。

已似长沙傅，从今又几年。

除夜

唐·尚颜

九冬三十夜，寒与暖分开。

坐到四更后，身添一岁来。

鱼灯延腊火，兽炭化春灰。

青帝今应老，迎新见几回。

岁除夜会乐城张少府宅
suì chú yè huì lè chéng zhāng shào fǔ zhái

唐·孟浩然

畴昔通家好，相知无间然。
chóu xī tōng jiā hǎo, xiāng zhī wú jiàn rán

续明催画烛，守岁接长筵。
xù míng cuī huà zhú, shǒu suì jiē cháng yán

旧曲梅花唱，新正柏酒传。
jiù qǔ méi huā chàng, xīn zhēng bǎi jiǔ chuán

客行随处乐，不见度年年。
kè xíng suí chù lè, bú jiàn dù nián nián

二灵寺守岁
èr líng sì shǒu suì

唐·戴叔伦

守岁山房迥绝缘，灯光香炧共萧然。
shǒu suì shān fáng jiǒng jué yuán, dēng guāng xiāng xiè gòng xiāo rán

无人更献椒花颂，有客同参柏子禅。
wú rén gèng xiàn jiāo huā sòng, yǒu kè tóng cān bǎi zǐ chán

已悟化城非乐界，不知今夕是何年。
yǐ wù huà chéng fēi lè jiè, bù zhī jīn xī shì hé nián

忧心悄悄浑忘寐，坐待扶桑日丽天。
yōu xīn qiāo qiāo hún wàng mèi, zuò dài fú sāng rì lì tiān

分类诗词

第3单元 元宵佳节诗词10首

导　读

　　元宵节，农历的正月十五，又称为"上元节"，也是庆贺新春的延续。民间有赏花灯、猜灯谜等习俗。"东风夜放花千树""月色灯光满帝都""火树银花合""歌舞达明晨"，都给我们展示了元宵节独有的节日氛围。让我们一起去细细品味吧！

4-3-1

上 元 夜
shàng yuán yè

唐·崔液

玉 漏 银 壶 且 莫 催，铁 关 金 锁 彻 明 开。
yù lòu yín hú qiě mò cuī tiě guān jīn suǒ chè míng kāi

谁 家 见 月 能 闲 坐，何 处 闻 灯 不 看 来。
shuí jiā jiàn yuè néng xián zuò hé chù wén dēng bú kàn lái

4-3-2

正 月 十 五 夜 闻 京 有 灯，恨 不 得 观
zhēng yuè shí wǔ yè wén jīng yǒu dēng hèn bù dé guān

唐·李商隐

月 色 灯 光 满 帝 都，香 车 宝 辇 隘 通 衢。
yuè sè dēng guāng mǎn dì dū xiāng chē bǎo niǎn ài tōng qú

身 闲 不 睹 中 兴 盛，羞 逐 乡 人 赛 紫 姑。
shēn xián bù dǔ zhōng xīng shèng xiū zhú xiāng rén sài zǐ gū

正月十五夜灯
zhēng yuè shí wǔ yè dēng

唐·张祜（hù）

千门开锁万灯明，正月中旬动帝京。
qiān mén kāi suǒ wàn dēng míng zhēng yuè zhōng xún dòng dì jīng

三百内人连袖舞，一时天上著词声。
sān bǎi nèi rén lián xiù wǔ yì shí tiān shàng zhù cí shēng

正月十五夜
zhēng yuè shí wǔ yè

唐·苏味道

火树银花合，星桥铁锁开。
huǒ shù yín huā hé xīng qiáo tiě suǒ kāi

暗尘随马去，明月逐人来。
àn chén suí mǎ qù míng yuè zhú rén lái

游伎皆秾李，行歌尽落梅。
yóu jì jiē nóng lǐ xíng gē jìn luò méi

金吾不禁夜，玉漏莫相催。
jīn wú bú jìn yè yù lòu mò xiāng cuī

十五夜观灯
shí wǔ yè guān dēng

唐·卢照邻

锦里开芳宴，兰缸艳早年。
jǐn lǐ kāi fāng yàn lán gāng yàn zǎo nián

缛彩遥分地，繁光远缀天。
rù cǎi yáo fēn dì fán guāng yuǎn zhuì tiān

接汉疑星落，依楼似月悬。
jiē hàn yí xīng luò yī lóu sì yuè xuán

别有千金笑，来映九枝前。
bié yǒu qiān jīn xiào lái yìng jiǔ zhī qián

分类诗词

4-3-6

上元夜效小庾体

唐·崔知贤

今夜启城阗，结伴戏芳春。

鼓声撩乱动，风光触处新。

月下多游骑，灯前饶看人。

欢乐无穷已，歌舞达明晨。

4-3-7

生查子·元夕

宋·欧阳修

去年元夜时，花市灯如昼。月上柳梢头，人约黄昏后。今年元夜时，月与灯依旧。不见去年人，泪湿春衫袖。

4-3-8

元宵

明·唐寅

有灯无月不娱人，有月无灯不算春。

春到人间人似玉，灯烧月下月如银。

满街珠翠游村女，沸地笙歌赛社神。

不展芳尊开口笑，如何消得此良辰。

解语花

上元

宋·周邦彦（yàn）

风销绛蜡，露浥红莲，花市光相射。桂华流瓦，纤云散，耿耿素娥欲下。衣裳淡雅，看楚女、纤腰一把。箫鼓喧，人影参差，满路飘香麝。　因念都城放夜，望千门如昼，嬉笑游冶。钿车罗帕，相逢处，自有暗尘随马。年光是也，唯只见、旧情衰谢。清漏移，飞盖归来，从舞休歌罢。

青玉案

元夕

宋·辛弃疾

东风夜放花千树，更吹落，星如雨。宝马雕车香满路，凤箫声动，玉壶光转，一夜鱼龙舞。　蛾儿雪柳黄金缕，笑语盈盈暗香去。众里寻他千百度，蓦然回首，那人却在，灯火阑珊处。

分类诗词

第4单元　清明端午诗词10首

导　读

清明节是我国重要的祭祀节日。后来，由于清明与寒食的日子接近，渐渐地就合二为一了。农历五月初五是端午节，是汉族人民的传统节日。民间有吃粽子、赛龙舟等习俗，据说是为了纪念屈原。让我们诵读这两个节日的古诗词，领略我国传统节日的魅力。

4-4-1

清明（qīng míng）

唐·杜牧

qīng míng shí jié yǔ fēn fēn, lù shàng xíng rén yù duàn hún.
清明时节雨纷纷，路上行人欲断魂。
jiè wèn jiǔ jiā hé chù yǒu? mù tóng yáo zhǐ xìng huā cūn.
借问酒家何处有？牧童遥指杏花村。

4-4-2

清明（qīng míng）

宋·王禹偁（chēng）

wú huā wú jiǔ guò qīng míng, xìng wèi xiāo rán sì yě sēng.
无花无酒过清明，兴味萧然似野僧。
zuó rì lín jiā qǐ xīn huǒ, xiǎo chuāng fēn yǔ dú shū dēng.
昨日邻家乞新火，晓窗分与读书灯。

清明即事

唐·孟浩然

帝里重清明，人心自愁思。

车声上路合，柳色东城翠。

花落草齐生，莺飞蝶双戏。

空堂坐相忆，酌茗聊代醉。

清明

宋·黄庭坚

佳节清明桃李笑，野田荒冢只生愁。

雷惊天地龙蛇蛰，雨足郊原草木柔。

人乞祭余骄妾妇，士甘焚死不公侯。

贤愚千载知谁是，满眼蓬蒿共一丘。

寒食

唐·孟云卿

二月江南花满枝，他乡寒食远堪悲。

贫居往往无烟火，不独明朝为子推。

分类诗词

4-4-6

寒食

唐·韩翃(hóng)

春城无处不飞花，寒食东风御柳斜。

日暮汉宫传蜡烛，轻烟散入五侯家。

4-4-7

寒食

宋·王禹偁

今年寒食在商山，山里风光亦可怜。

稚子就花拈蛱蝶，人家依树系秋千。

郊原晓绿初经雨，巷陌春阴乍禁烟。

副使官闲莫惆怅，酒钱犹有撰碑钱。

4-4-8

端午

唐·文秀

节分端午自谁言，万古传闻为屈原。

堪笑楚江空渺渺，不能洗得直臣冤。

和端午

宋·张耒（lěi）

竞渡深悲千载冤，忠魂一去讵能还。

国亡身殒今何有，只留《离骚》在世间。

端午日

唐·殷尧藩（fān）

少年佳节倍多情，老去谁知感慨生。

不效艾符趋习俗，但祈蒲酒话升平。

鬓丝日日添白头，榴锦年年照眼明。

千载贤愚同瞬息，几人湮没几垂名。

师生画廊

蒙学诵读

《千字文》

导 读

　　《千字文》是南北朝时期周兴嗣编纂的，已有1400多年的历史。其编纂经过颇为有趣。据唐代李绰（chuò）《尚忆故实》记载，梁武帝命令殷铁石在王羲之的书法中拓出一千个不重复的字，供给诸王临摹。当把一千个字拓出以后，梁武帝又觉得"每字片纸，杂乱无序"，遂命令他的文学侍从周兴嗣，将这一千个字编缀成押韵合辙并有意义的文句。周兴嗣"一夕编缀进上，鬓发皆白"。可见作者为编写这篇千古妙文，花费了多大的心思！

　　《千字文》构思精巧，婉转有致，以对仗工整、朗朗上口的韵语，叙述了有关自然、社会、历史、地理、伦理、教育、人物掌故等方面的知识以及做人处世的道理，其知识性与艺术性堪称双绝。

第1课 天地玄黄

tiān dì xuán huáng yǔ zhòu hóng huāng rì yuè yíng zè chén xiù liè zhāng
天地玄黄，宇宙洪荒。日月盈昃，辰宿列张。

hán lái shǔ wǎng qiū shōu dōng cáng rùn yú chéng suì lǜ lǚ tiáo yáng
寒来暑往，秋收冬藏。闰余成岁，律吕调阳。

yún téng zhì yǔ lù jié wéi shuāng jīn shēng lì shuǐ yù chū kūn gāng
云腾致雨，露结为霜。金生丽水，玉出昆冈。

jiàn hào jù què zhū chēng yè guāng guǒ zhēn lǐ nài cài zhòng jiè jiāng
剑号巨阙，珠称夜光。果珍李奈，菜重芥姜。

hǎi xián hé dàn lín qián yǔ xiáng lóng shī huǒ dì niǎo guān rén huáng
海咸河淡，鳞潜羽翔。龙师火帝，鸟官人皇。

shǐ zhì wén zì nǎi fú yī cháng tuī wèi ràng guó yǒu yú táo táng
始制文字，乃服衣裳。推位让国，有虞陶唐。

译文

　　天是黑色的，地是黄色的，宇宙形成于混沌蒙昧的状态。太阳有正有斜，月亮有缺有圆，星辰布满在无边的太空。寒暑循环变换，来了又去，去了又来，秋季里忙着收割庄稼，冬天里忙着储藏粮食。积累数年的闰余并成一个月，放在闰年里，古人用六律六吕来调节阴阳。云气升到天空，遇冷就形成雨，露水碰上寒夜，很快凝结为霜。黄金产自金沙江底，玉石出自昆仑山上。最锋利的宝剑叫"巨阙"，最贵重的明珠叫"夜光"。水果中最珍贵的是李子和奈子，蔬菜中最看重的是芥菜和生姜。海水咸，河水淡，鱼儿在水中潜游，鸟儿在空中飞翔。龙师、火帝、鸟官、人皇，这都是上古时代的帝皇官员。黄帝的史官仓颉（jié）创造了文字；黄帝的妻子嫘（léi）祖制作了衣裳。唐尧、虞舜英明无私，把君位禅（shàn）让给功臣贤人。

蒙学诵读

47

中华经典诗文诵读 四年级

尧帝禅让

尧帝在位七十年，认为儿子丹朱不成器，决定从民间选用贤良之才。

尧问四方诸侯首领："谁能担负起天子的重任？"四方诸侯首领说："有个单身汉，在民间，叫舜。"

于是，尧微服私访，来到历山一带。他在一块田间看见一个身材魁伟的青年，正在用心地驾着一黑一黄两头牛耕地。奇怪的是，这个青年不用鞭打牛，而是在犁辕上挂一个簸箕，隔一会儿，敲一下簸箕，吆喝一声。尧等他犁到地头，便问："耕夫都用鞭打牛，你为何只敲簸箕不打牛？"青年见有老人问，拱手以揖答道："牛为人耕田出力很辛苦，再用鞭打，于心何忍！我打簸箕，黑牛以为我打黄牛，黄牛以为我打黑牛，就都卖力拉犁了。"

尧一听，觉得这个青年有智慧，又有善心。这个青年就是舜。尧与舜在田间谈起一些治理天下的问题，舜的谈论明事理，晓大义。尧又走访了方圆百里，都夸舜是一个贤良之才。尧便决定试一试舜。尧把两个女儿娥皇、女英嫁给舜，让两个女儿观其德；把九个男儿安排在舜周围，让九个男儿观其行。尧又让舜到山林里去经受考验。舜在深山中，虎豹毒蛇都被他驯服。在遭受风暴雷电时，他头脑清醒，方向明确，顺利走出困境。

尧先让舜在朝中作官，试用三年后，对舜很满意，决定让位于舜，就在太庙举行了禅位典礼。舜登上了天子之位。

师生画廊

第2课 吊民伐罪

diào mín fá zuì　zhōu fā yīn tāng　zuò cháo wèn dào　chuí gǒng píng zhāng
吊 民 伐 罪，周 发 殷 汤。坐 朝 问 道，垂 拱 平 章。

ài yù lí shǒu　chén fú róng qiāng　xiá ěr yì tǐ　shuài bīn guī wáng
爱 育 黎 首，臣 伏 戎 羌。遐 迩 一 体，率 宾 归 王。

míng fèng zài zhú　bái jū shí cháng　huà bèi cǎo mù　lài jí wàn fāng
鸣 凤 在 竹，白 驹 食 场。化 被 草 木，赖 及 万 方。

gài cǐ shēn fà　sì dà wǔ cháng　gōng wéi jū yǎng　qǐ gǎn huǐ shāng
盖 此 身 发，四 大 五 常。恭 惟 鞠 养，岂 敢 毁 伤？

nǚ mù zhēn jié　nán xiào cái liáng　zhī guò bì gǎi　dé néng mò wàng
女 慕 贞 洁，男 效 才 良。知 过 必 改，得 能 莫 忘。

wǎng tán bǐ duǎn　mǐ shì jǐ cháng　xìn shǐ kě fù　qì yù nán liáng
罔 谈 彼 短，靡 恃 己 长。信 使 可 覆，器 欲 难 量。

译文

　　安抚百姓，讨伐暴君，有周武王姬发和商君成汤。贤明的君主坐于朝廷向大臣们询问管理天下的办法，毫不费力就能使天下太平，功绩彰著。他们爱抚、体恤老百姓，四方各族人都归附向往。远远近近都统一在一起，全都心甘情愿服从君王。凤凰在竹林中欢鸣，白马在草场上觅食，国泰民安，处处吉祥。贤君的教化覆盖大自然的一草一木，恩泽遍及天下百姓。人的身体发肤由地、水、火、风四种物质组成；人的言行举止，要以仁、义、礼、智、信五项伦常为准则。要时刻铭记父母的养育之恩，小心谨慎地爱护自己，不可有一丝一毫的毁坏损伤。女子要思慕那些为人称道的贞妇洁女，男子要效法有德有才的贤良。知道自己有过错，一定要改正；适合自己干的事，不要放弃。不要去谈论别人的短处，也不要依仗自己的长处就不思进取。诚实的话要能经受时间的考验，人的胸怀之宽广让人难以估量。

趣读

武王伐纣

周武王拜姜尚为军师，团结自己的兄弟周公旦、召公奭（shì）等大臣，使全国上下一心，厉兵秣马，积蓄力量，准备起兵灭商。

这时纣王的昏庸暴虐却更加变本加厉了。周武王得知商朝王室的情况，知道商朝气数已尽，于是便亲率五万大军东进伐纣。四方诸侯闻讯，也都纷纷带了军队赶到孟津与周军会师。誓师以后，伐纣大军便以高昂的士气进攻朝歌。

这时纣王才着慌起来，连忙组织军队抵抗。但朝歌的守城军队不多，他只好临时将城内的大批奴隶和在战争中抓来的俘虏武装起来，开往前线。纣王亲自率领这支号称有七十万人的杂牌军，来到牧野与武王的联军对阵。他让奴隶和俘虏们冲在前面，自己的士兵只在后面压阵督战。于是，两军一接触，战场上便出现了戏剧性的场面——商军中的奴隶和战俘，纷纷举着戈矛，调转身去，杀向纣王自己的军队。商军的前队倒戈，再加上周军的勇猛冲杀，纣王的军队顿时土崩瓦解，溃不成军。纣王在几个亲信的保护下返身逃进朝歌，还未来得及关闭城门，周军已潮水般冲了进来。

纣王见大势已去，便逃到鹿台上，点火自焚而死。商朝就此灭亡。

第3课 墨悲丝染

mò bēi sī rǎn　shī zàn gāo yáng　jǐng xíng wéi xián　kè niàn zuò shèng
墨 悲 丝 染，诗 赞 羔 羊。景 行 维 贤，克 念 作 圣。

dé jiàn míng lì　xíng duān biǎo zhèng kōng gǔ chuán shēng　xū táng xí tīng
德 建 名 立，形 端 表 正。空 谷 传 声，虚 堂 习 听。

huò yīn è jī　fú yuán shàn qìng　chǐ bì fēi bǎo　cùn yīn shì jìng
祸 因 恶 积，福 缘 善 庆。尺 璧 非 宝，寸 阴 是 竞。

zī fù shì jūn　yuē yán yǔ jìng　xiào dāng jié lì　zhōng zé jìn mìng
资 父 事 君，曰 严 与 敬。孝 当 竭 力，忠 则 尽 命。

lín shēn lǚ bó　sù xīng wēn qìng　sì lán sī xīn　rú sōng zhī shèng
临 深 履 薄，夙 兴 温 清。似 兰 斯 馨，如 松 之 盛。

chuān liú bù xī　yuān chéng qǔ yìng　róng zhǐ ruò sī　yán cí ān dìng
川 流 不 息，渊 澄 取 映。容 止 若 思，言 辞 安 定。

译文

墨子为白丝染色不褪而悲泣，《诗经》中有"羔羊"篇传扬。高尚的德行只能在贤人那里看到，要克制私欲，努力仿效圣人。养成了好的道德，就会有好的名声，就像形体端庄，仪表也随之肃穆一样。空旷的山谷中呼喊声传得很远，宽敞的厅堂里说话声非常清晰。祸害是因为多次作恶积累而成，幸福是由于常年行善得到的奖赏。一尺长的璧玉算不上宝贵，一寸短的光阴却值得去争取。供养父亲，侍奉国君，要做到严肃、恭敬。对父母孝要尽心竭力，对国君忠要不惜生命。要"如临深渊、如履薄冰"那样小心谨慎，要早起晚睡，让父母冬暖夏凉。能这样去做，德行就同兰花一样馨香，同青松一样茂盛。还能延及子孙，像大河川流不息，影响世人，像碧潭清澄照人。仪态举止要庄重，看上去若有所思，言语措辞要稳重，显得从容沉静。

唐太宗仁爱治国

贞观初年，唐太宗对大臣们说，将妇女幽禁在深宫中是浪费百姓的财力，因此他先后将三千多宫女遣送回家，任由其选择丈夫结婚。

贞观二年，关中一带干旱，发生了大饥荒。太宗又对大臣们说："水旱不调，都是国君的罪过。我德行不好，上天应该责罚我。百姓有什么罪过，要遭受如此的困窘（jiǒng）？听说有人卖儿卖女，我很可怜他们。"于是派御史大夫杜淹前去巡查，还拿出皇家府库的钱财赎回那些被卖的儿女，送还给他们的父母。

贞观十九年，唐太宗征伐高丽，驻扎在定州。太宗驾临城北门楼安抚慰劳将士。有一个士兵生病，不能觐（jìn）见，太宗派人到他床前，询问他的病痛，又敕（chì）令州县为他治疗，因此将士都高兴地随从太宗出征。等大军回师，驻扎在柳城，太宗又诏令收集阵亡将士的骸骨，设置牛、羊、猪三牲为他们祭祀。太宗亲自驾临，为死者哭泣尽哀，军中将士无不洒泪哭泣。观看祭祀的士兵回到家里说起这件事，他们的父母说："我们的儿子战死，天子为他哭泣，死而无憾了。"

正是因为唐太宗以仁爱治国，示范官吏，所以深得民心，这为唐朝的繁荣富强奠定了基础。

师生画廊

第4课　笃初诚美

dǔ chū chéng měi　shèn zhōng yí lìng　róng yè suǒ jī　jí shèn wú jìng
笃 初 诚 美，慎 终 宜 令。荣 业 所 基，籍 甚 无 竟。

xué yōu dēng shì　shè zhí cóng zhèng　cún yǐ gān táng　qù ér yì yǒng
学 优 登 仕，摄 职 从 政。存 以 甘 棠，去 而 益 咏。

yuè shū guì jiàn　lǐ bié zūn bēi　shàng hé xià mù　fū chàng fù suí
乐 殊 贵 贱，礼 别 尊 卑。上 和 下 睦，夫 唱 妇 随。

wài shòu fù xùn　rù fèng mǔ yí　zhū gū bó shū　yóu zǐ bǐ ér
外 受 傅 训，入 奉 母 仪。诸 姑 伯 叔，犹 子 比 儿。

kǒng huái xiōng dì　tóng qì lián zhī　jiāo yǒu tóu fèn　qiē mó zhēn guī
孔 怀 兄 弟，同 气 连 枝。交 友 投 分，切 磨 箴 规。

rén cí yǐn cè　zào cì fú lí　jié yì lián tuì　diān pèi fěi kuī
仁 慈 隐 恻，造 次 弗 离。节 义 廉 退，颠 沛 匪 亏。

译文

　　修身、求学，重视开头固然不错，认真去做，有好的结果更为重要。有德能孝是事业显耀的基础，这样的人声誉盛大，传扬不已。学习出色并有余力，就可出仕做官，担任一定的职务，参与国家的政事。召公活着时曾在甘棠树下理政，他过世后老百姓对他更加怀念歌咏。选择乐曲要根据人的身份贵贱有所不同，采用礼节要按照人的地位高低有所区别。长辈和小辈要和睦相处，夫妇要一唱一随，协调和谐。在外面要听从师长的教诲，在家里要遵守母亲的规范。对待姑姑、伯伯、叔叔等长辈，要像是他们的亲生子女一样。兄弟之间要非常相爱，因为同受父母血气，犹如树枝相连。结交朋友要意气相投，学习上切磋琢磨，品行上互相勉励。仁义、慈爱，对人的恻隐之心，在仓促之时也不能抛离。气节、正义、廉洁、谦让的美德，在穷困潦倒的时候也不可亏缺。

庾冰教子

东晋大臣庾冰出身于名门，他和哥哥庾亮在当时都很有名望。庾冰曾经做过宰相，总理朝政。

庾冰性情谨慎，生活俭朴，对子女要求也很严格。有一次，他的儿子庾袭私自向官府借了十匹绢。庾冰知道了非常生气，狠狠地打了儿子一顿。庾冰还自己掏钱买了十匹绢，让庾袭送还给官府。

由于庾冰的言传身教，他的几个子女长大后都很有出息。庾冰的俭约之风至临死仍坚持，遗命要节葬。他死后家无侍妾婢女，亦无物资产业，得到时人的赞许。

师生画廊

第5课 性静情逸

xìng jìng qíng yì　xīn dòng shén pí　shǒu zhēn zhì mǎn　zhú wù yì yí
性 静 情 逸， 心 动 神 疲。 守 真 志 满， 逐 物 意 移。

jiān chí yǎ cāo　hǎo jué zì mí　dū yì huá xià　dōng xī èr jīng
坚 持 雅 操， 好 爵 自 縻。 都 邑 华 夏， 东 西 二 京。

bèi máng miàn luò　fú wèi jù jīng　gōng diàn pán yù　lóu guàn fēi jīng
背 邙 面 洛， 浮 渭 据 泾。 宫 殿 盘 郁， 楼 观 飞 惊。

tú xiě qín shòu　huà cǎi xiān líng　bǐng shè páng qǐ　jiǎ zhàng duì yíng
图 写 禽 兽， 画 彩 仙 灵。 丙 舍 傍 启， 甲 帐 对 楹。

sì yán shè xí　gǔ sè chuī shēng　shēng jiē nà bì　biàn zhuǎn yí xīng
肆 筵 设 席， 鼓 瑟 吹 笙。 升 阶 纳 陛， 弁 转 疑 星。

yòu tōng guǎng nèi　zuǒ dá chéng míng　jì jí fén diǎn　yì jù qún yīng
右 通 广 内， 左 达 承 明。 既 集 坟 典， 亦 聚 群 英。

译文

　　品性沉静淡泊，情绪就安逸自在，内心浮躁好动，精神就疲惫困倦。保持纯洁的天性，就会感到满足，追求物欲享受，天性就会改变。坚持高尚的情操，好的职位自然会为你所有。古代的都城华美壮观，有东京洛阳和西京长安。东京洛阳北靠邙山，南临洛水；西京长安左跨渭河，右依泾水。宫殿盘旋曲折，重重叠叠，楼阁高耸如飞，触目惊心。宫殿上绘着各种飞禽走兽，描画出五彩的天仙神灵。正殿两边的配殿从侧面开启，豪华的帐幕对着高高的楹柱。宫殿中大摆宴席，乐人吹笙鼓瑟，一片歌舞升平。登上台阶进入殿堂的文武百官，帽子团团转，像满天的星星。右面通向用以藏书的广内殿，左面到达朝臣休息的承明殿。这里收藏了很多的典籍名著，也聚集着成群的文武英才。

趣读

工匠鲁班

    鲁班，鲁国公族之后，鲁国（都城为今山东曲阜）人。他出身于世代工匠的家庭，从小就跟随家里人参加过许多土木工程建筑，逐渐掌握了生产劳动的技能，积累了丰富的实践经验。鲁班很注意对客观事物的观察、研究，他受自然现象的启发，致力于创造发明。一次攀山时，手指被一棵小草划破，他摘下小草仔细察看，发现草叶两边全是排列均匀的小齿，于是就模仿草叶制成伐木的锯。鲁班一生注重实践，善于动脑，在建筑、机械等方面作出了很大贡献。他曾制作出攻城用的"云梯"，水战用的"勾强"，创制了"机关备制"的木马车，发明了曲尺、墨斗、刨子、凿子等各种木作工具，还发明了磨、碾、锁等。由于鲁班成就突出，后世的工匠一直把他尊为"祖师"。

师生画廊

第6课 杜稿钟隶

dù gǎo zhōng lì　qī shū bì jīng　fǔ luó jiàng xiàng　lù jiā huái qīng
杜 稿 钟 隶，漆 书 壁 经。府 罗 将 相，路 侠 槐 卿。

hù fēng bā xiàn　jiā jǐ qiān bīng　gāo guān péi niǎn　qū gǔ zhèn yīng
户 封 八 县，家 给 千 兵。高 冠 陪 辇，驱 毂 振 缨。

shì lù chǐ fù　chē jià féi qīng　cè gōng mào shí　lè bēi kè míng
世 禄 侈 富，车 驾 肥 轻。策 功 茂 实，勒 碑 刻 铭。

pán xī yī yǐn　zuǒ shí ē héng　yǎn zhái qū fù　wēi dàn shú yíng
磻 溪 伊 尹，佐 时 阿 衡。奄 宅 曲 阜，微 旦 孰 营？

huán gōng kuāng hé　jì ruò fú qīng　qǐ huí hàn huì　yuè gǎn wǔ dīng
桓 公 匡 合，济 弱 扶 倾。绮 回 汉 惠，说 感 武 丁。

jùn yì mì wù　duō shì shí níng　jìn chǔ gēng bà　zhào wèi kùn héng
俊 乂 密 勿，多 士 寔 宁。晋 楚 更 霸，赵 魏 困 横。

蒙学诵读

译文

　　书殿中有杜度的草书、钟繇（yóu）的隶书，还有漆写的古籍和孔壁中的经典。宫廷内将相依次排成两列，宫廷外大夫公卿夹道站立。他们每户有八县之广的封地，配备成千的士兵。他们戴着高高的官帽，陪着皇帝出游，驾着车马，帽带飘舞着，好不威风。他们世代领受俸禄，奢侈豪富，出门时轻车肥马，春风得意。朝廷详尽确实地记载他们的功德，刻在碑石上流传后世。周文王磻溪遇吕尚，尊他为“太公望”；伊尹辅佐朝政，商汤王封他为“阿衡”。周王朝占领了古奄国曲阜一带，要不是周公旦谁能经营？齐桓公九次会合诸侯，出兵援助势单力薄和面临危亡的诸侯小国。汉惠帝做太子时靠绮里季才幸免废黜（chù），商君武丁感梦而得贤相傅说（yuè）。能人治政勤勉努力，全靠许多这样的贤士，国家才富强安宁。晋、楚两国在齐之后称霸，赵、魏两国因连横而受困于秦。

趣读

壁经出世

秦始皇焚书坑儒时，许多书籍都遭到了毁灭性的破坏。汉文帝时，开始在全国寻找古籍，一个叫伏生的老儒生口授了《尚书》二十八篇，使《尚书》得以流传。

到了汉武帝时，他的弟弟鲁恭王想霸占孔子的故居改作花园，在拆房时，忽然从墙壁的夹洞中发现了一批竹简，同时空中传来一阵庄严的钟磬之声，鲁恭王吓坏了，忙下令停止拆房。在墙壁中发现的这批竹简，包括《尚书》、《孝经》等古代典籍，因为是在墙壁中发现的，所以这些书被称为"壁经"。这些典籍的发现，对校正一些典籍起到了重要作用。

师生画廊

第7课　假途灭虢

jiǎ tú miè guó　jiàn tǔ huì méng　hé zūn yuē fǎ　hán bì fán xíng
假途灭虢，践土会盟。何遵约法，韩弊烦刑。

qǐ jiǎn pō mù　yòng jūn zuì jīng　xuān wēi shā mò　chí yù dān qīng
起翦颇牧，用军最精。宣威沙漠，驰誉丹青。

jiǔ zhōu yǔ jì　bǎi jùn qín bìng　yuè zōng tài dài　shàn zhǔ yún tíng
九州禹迹，百郡秦并。岳宗泰岱，禅主云亭。

yàn mén zǐ sài　jī tián chì chéng　kūn chí jié shí　jù yě dòng tíng
雁门紫塞，鸡田赤城。昆池碣石，巨野洞庭。

kuàng yuǎn mián miǎo　yán xiù yǎo míng　zhì běn yú nóng　wù zī jià sè
旷远绵邈，岩岫杳冥。治本于农，务兹稼穑。

chù zài nán mǔ　wǒ yì shǔ jì　shuì shú gòng xīn　quàn shǎng chù zhì
俶载南亩，我艺黍稷。税熟贡新，劝赏黜陟。

蒙学诵读

译文

　　晋献公向虞国借路去消灭虢国，晋文公在践土与诸侯会盟，推为盟主。萧何遵循简约刑法的精神制订汉律，韩非却受困于自己所主张的严酷刑法。秦将白起、王翦，赵将廉颇、李牧，带兵打仗最为高明。他们的声威远传到沙漠边地，美誉和画像一起流芳后代。九州处处留有大禹治水的足迹，全国各郡在秦并六国后归于统一。五岳中人们最尊崇东岳泰山，历代帝王都在云亭山主持禅礼。名关有北疆雁门，要塞有万里长城，驿站有边地鸡田，奇山有天台赤城。赏池赴昆明滇池，观海临河北碣石，看泽去山东巨野，望湖上湖南洞庭。江河源远流长，湖海宽广无边。名山奇谷幽深秀丽，气象万千。治国的根本在于发展农业，要努力做好播种收获这些农活。一年的农活该开始干起来了，种上谷子，又种上高粱。收获季节，用刚熟的新谷缴纳税粮，官府应按农户的贡献大小给予奖励或处罚。

假途灭虢

春秋时候，晋献公想要扩充自己的实力和地盘，就想找借口派兵去消灭虢国。可是在晋国和虢国之间隔着一个虞（yú）国，讨伐虢国必须经过虞国。"怎样才能顺利通过虞国呢？"晋献公问手下的大臣。大夫荀息说："虞国国君是个目光短浅、贪图小利的人，只要我们送他美玉和宝马，他会答应借道的。"晋献公一听有点舍不得。荀息看出了晋献公的心思，就说："虞虢两国是唇齿相依的近邻，虢国灭了，虞国也难独存，您的美玉宝马不过是暂时存放在虞公那里罢了。"晋献公听后，便采纳了荀息的计策。

虞国国君见到这两份珍贵的礼物，顿时心花怒放，听到荀息说要借道虞国时，当时就满口答应下来。虞国大夫宫之奇听说后，赶快阻止道："不行，不行，虞国和虢国唇齿相依，我们两个小国相互依存，有事可以互相帮助，万一虢国灭了，我们虞国也就难保了。俗话说：'唇亡齿寒'，没有嘴唇，牙齿也保不住啊！借道给晋国，万万使不得。"虞公说："人家晋国是大国，现在特意送来美玉宝马和咱们交朋友，难道咱们借条道路让他们走走都不行吗？"宫之奇连声叹气，知道虞国离灭亡的日子不远了，于是就带着一家老小离开了虞国。

果然，晋国军队借道虞国，消灭了虢国，随后又把亲自迎接晋军的虞公抓住，灭了虞国。

第8课 孟轲敦素

mèng kē dūn sù　shǐ yú bǐng zhí　shù jī zhōng yōng　láo qiān jǐn chì
孟 轲 敦 素，史 鱼 秉 直。庶 几 中 庸，劳 谦 谨 敕。

líng yīn chá lǐ　jiàn mào biàn sè　yí jué jiā yóu　miǎn qí zhī zhí
聆 音 察 理，鉴 貌 辨 色。贻 厥 嘉 猷，勉 其 祇 植。

xǐng gōng jī jiè　chǒng zēng kàng jí　dài rǔ jìn chǐ　lín gāo xìng jí
省 躬 讥 诫，宠 增 抗 极。殆 辱 近 耻，林 皋 幸 即。

liǎng shū jiàn jī　jiě zǔ shuí bī　suǒ jū xián chǔ　chén mò jì liáo
两 疏 见 机，解 组 谁 逼？索 居 闲 处，沉 默 寂 寥。

qiú gǔ xún lùn　sàn lǜ xiāo yáo　xīn zòu lèi qiǎn　qī xiè huān zhāo
求 古 寻 论，散 虑 逍 遥。欣 奏 累 遣，戚 谢 欢 招。

qú hé dì lì　yuán mǎng chōu tiáo　pí pá wǎn cuì　wú tóng zǎo diāo
渠 荷 的 历，园 莽 抽 条。枇 杷 晚 翠，梧 桐 蚤 凋。

译文

　　孟轲夫子崇尚敦厚朴素，史官子鱼秉性刚直，坚持正义。为人处世要尽可能合乎中庸的标准，勤奋、谦逊，要经常告诫自己。听别人说话，要仔细审察是否合理；看别人面孔，要小心辨析他的脸色。要给人家留下正确高明的忠告或建议，勉励自己谨慎小心地处世立身。听到别人的讥讽告诫要反省自身，备受恩宠不要得意忘形，对抗权尊。知道有危险耻辱的事快要发生，还不如归隐山林为好。汉代疏广、疏受叔侄预见到危患的苗头立刻辞官归隐，哪里有谁逼他们除下官印？离群独居，悠闲度日，不谈是非，清静无为岂不是好事？想想古人的话，翻翻古人的书，消除往日的忧虑，乐得逍遥舒服。轻松的事凑到一起，费力的事丢在一边，消除不尽的烦恼，得来无限的快乐。池里的荷花开得光润鲜艳，园中的草木抽出条条嫩枝。枇杷到了岁晚还是苍翠欲滴，梧桐刚刚交秋就早早地凋谢了。

孟母断织劝学

古时候，有个大思想家叫孟轲。他刚上学的时候，很用心，写字一笔一画，很工整。不久，他觉得学习太辛苦，不如在外面玩耍快活。于是，他逃学了，常到山坡上树林中去玩，好开心啊！

一天，孟轲回到家里，正在织布的妈妈问他："怎么这么早就放学了？"他只好承认逃学了。妈妈生气地说："我辛辛苦苦织布供你读书，你却逃学，太没出息了！"小孟轲连忙给妈妈跪下。妈妈拿起剪刀，一下子把没织完的布剪断了，说着："你不好好读书，就像这剪断的布，还有什么用处！"小孟轲哭着说："我错了！今后再也不贪玩了。我一定好好读书！"

从此，孟轲勤奋学习，从不偷懒。后来，他成了著名的思想家。

师生画廊

第9课　陈根委翳

陈 根 委 翳，落 叶 飘 摇。游 鹍 独 运，凌 摩 绛 霄。
chén gēn wěi yì luò yè piāo yáo yóu kūn dú yùn líng mó jiàng xiāo

耽 读 玩 市，寓 目 囊 箱。易 輶 攸 畏，属 耳 垣 墙。
dān dú wán shì yù mù náng xiāng yì yóu yōu wèi zhǔ ěr yuán qiáng

具 膳 餐 饭，适 口 充 肠。饱 饫 烹 宰，饥 厌 糟 糠。
jù shàn cān fàn shì kǒu chōng cháng bǎo yù pēng zǎi jī yàn zāo kāng

亲 戚 故 旧，老 少 异 粮。妾 御 绩 纺，侍 巾 帷 房。
qīn qi gù jiù lǎo shào yì liáng qiè yù jì fǎng shì jīn wéi fáng

纨 扇 圆 絜，银 烛 炜 煌。昼 眠 夕 寐，蓝 笋 象 床。
wán shàn yuán xié yín zhú wěi huáng zhòu mián xī mèi lán yún xiàng chuáng

弦 歌 酒 宴，接 杯 举 觞。矫 手 顿 足，悦 豫 且 康。
xián gē jiǔ yàn jiē bēi jǔ shāng jiǎo shǒu dùn zú yuè yù qiě kāng

译文

　　陈根老树干枯倒伏，落叶在秋风里飘荡。寒秋之中鲲鹏独自高飞，直冲布满彩霞的云霄。汉代王充在街市上沉迷于读书，眼睛注视的都是书袋和书箱。说话最怕旁若无人，毫无禁忌，要留心隔着墙壁有人在贴耳偷听。安排一日三餐的膳食，要适合口味，能吃饱就行。饱的时候不想再吃大鱼大肉，饿的时候应当满足于粗菜淡饭。亲属、朋友会面要盛情款待，老人、小孩的食物应有不同。小妾婢女要管理好家务，尽心恭敬地服侍好主人。绢制的团扇像满月一样又白又圆，银色的烛台上烛火辉煌。白日小憩，晚上就寝，有青篾编成的竹席和象牙雕屏的床榻。奏着乐，唱着歌，摆酒开宴，接过酒杯，开怀畅饮。情不自禁地手舞足蹈，真是又快乐又安康。

甘茂智逐犀（xī）首

甘茂，出生于战国时期的下蔡，楚国人。甘茂年少时曾拜名师史举先生，学习诸子百家的学说，表现突出。后来通过张仪引荐拜见秦惠王。惠王接见后，很喜欢他，就派他为将，战功卓著，一直升迁为秦惠王时的相国。

秦惠王虽能任人唯贤，但对于别国人入秦取得高官的，统称为客卿，这种臣往往得不到真正的信任，张仪、甘茂莫不如是。秦惠王喜欢拍马溜须的宠臣犀首，私下对他说："我将让您当相国。"甘茂手下小吏从墙洞中偷听到了，就告诉甘茂。

甘茂进宫拜见惠王说："大王找到了贤能的相国，我冒昧地前来祝贺。"惠王说："我把国家托付给您，哪里再有什么贤能的相国？"甘茂回答说："大王将要让犀首当相国。"惠王说："您从哪里听到这种话？"甘茂回答说："犀首告诉我的。"因此，惠王对犀首很生气，就把他赶走了。

师生画廊

第10课 嫡后嗣续

dí hòu sì xù　jì sì zhēngcháng　qǐ sǎng zài bài　sǒng jù kǒng huáng
嫡 后 嗣 续，祭 祀 烝 尝。稽 颡 再 拜，悚 惧 恐 惶。

jiān dié jiǎn yào　gù dá shěn xiáng　hái gòu xiǎng yù　zhí rè yuàn liáng
笺 牒 简 要，顾 答 审 详。骸 垢 想 浴，执 热 愿 凉。

lú luó dú tè　hài yuè chāo xiāng　zhū zhǎn zéi dào　bǔ huò pàn wáng
驴 骡 犊 特，骇 跃 超 骧。诛 斩 贼 盗，捕 获 叛 亡。

bù shè liáo wán　jī qín ruǎn xiào　tián bǐ lún zhǐ　jūn qiǎo rén diào
布 射 僚 丸，嵇 琴 阮 啸。恬 笔 伦 纸，钧 巧 任 钓。

shì fēn lì sú　bìng jiē jiā miào　máo shī shū zī　gōng pín yán xiào
释 纷 利 俗，并 皆 佳 妙。毛 施 淑 姿，工 颦 妍 笑。

nián shǐ měi cuī　xī huī lǎng yào　xuán jī xuán wò　huì pò huán zhào
年 矢 每 催，曦 晖 朗 曜。璇 玑 悬 斡，晦 魄 环 照。

zhǐ xīn xiū hù　yǒng suí jí shào　jǔ bù yǐn lǐng　fǔ yǎng láng miào
指 薪 修 祜，永 绥 吉 劭。矩 步 引 领，俯 仰 廊 庙。

shù dài jīn zhuāng　pái huái zhān tiào　gū lòu guǎ wén　yú méng děng qiào
束 带 矜 庄，徘 徊 瞻 眺。孤 陋 寡 闻，愚 蒙 等 诮。

wèi yǔ zhù zhě　yān zāi hū yě
谓 语 助 者，焉 哉 乎 也。

译文

　　子孙继承了祖先的基业，一年四季的祭祀大礼不能疏忘。跪着磕头，拜了又拜，礼仪要周全恭敬，心情要悲痛虔诚。写信要简明扼要，回答别人问题要详细周全。身上有了污垢，就想洗澡，好比手上拿着烫的东西就希望有风把它吹凉。家里有了灾祸，连牲畜都会受惊，狂蹦乱跳，东奔西跑。对抢劫、偷窃、反叛、逃亡的人要严厉惩罚，该抓的抓，该杀的杀。吕布擅长射箭，宜僚有弄丸的绝活，嵇康善于弹琴，阮籍能撮口长啸。蒙恬造出毛笔，蔡伦发明造纸，马钧巧制水车，任公子垂钓大鱼。他们的技艺有的解人纠纷，有的方便群众，都高明巧妙，为人称道。毛嫱（qiáng）、西施年轻美貌，哪怕皱着眉头，也像美美的笑。可惜青春易逝，岁月匆匆催人渐老，只有太阳的光辉永远朗照。高悬的北斗随着四季转动，明晦（huì）的月光洒遍人间每个角落。行善积德才能像薪尽火传那样精神长存，子孙安康全靠你留下吉祥的忠告。如此心地坦然，方可昂头迈步，应付朝廷委以的重任。如此无愧人生，尽可以整束衣冠，庄重从容地高瞻远望。孤陋寡闻，只能和愚昧无知的人一样让人耻笑。还有几个语助词，是"焉""哉""乎""也"。

趣读

蔡伦造纸

纸是中国历史上的四大发明之一，是由东汉时期蔡伦发明的。

蔡伦当时在皇宫里做杂役，后来得到皇帝的信任，负责监制宫廷用的器械。当时，蔡伦看到大家写字很不方便，竹简和木简太笨重，丝帛太贵，丝绵纸不可能大量生产，都有缺点。于是，他就研究改进造纸的方法。

蔡伦总结了前人造纸的经验，带领工匠们用树皮、麻头、破布和破鱼网等原料来造纸。他们先把树皮、麻头、破布和破鱼网等东西剪碎，放在水里浸渍，再捣烂成浆状物，再经过蒸煮，然后在席子上摊成薄片，放在太阳底下晒干，这样就变成纸了。

用这种方法造出来的纸，体轻质薄，很适合写字，受到了人们的欢迎。公元105年，蔡伦把这个重大的成就报告了汉和帝，和帝非常欣赏蔡伦的创新之举，封他为龙亭侯。从此，全国各地都开始用这样的方法造纸，天下人都称这是"蔡侯纸"。

在蔡伦以后，别人又不断把他的方法加以改进。蔡伦死后大约80年（东汉末年）又出了一位造纸能手，名叫左伯。他造出来的纸厚薄均匀，质地细密，色泽鲜明。当时人们称这种纸为"左伯纸"。

百家览胜

《孟子》选读

导读

孟子（公元前372—前289年），名轲（kē），字子舆（yú），战国时邹（今邹城）人。孟子父亲早逝，由母亲抚养成人。

青少年时代的孟子师从孔子的孙子子思，奠定了孟子对儒家学说的终身信仰。中年的孟子以儒学大师的身份，率领弟子们游历各国近二十年，以推行王道政治为己任。其间，孟子学派影响很大，到处都有诸侯以礼相待，但却无人肯真正实行他的政治主张。晚年的孟子归隐乡里，开始著述，并将"得天下英才而教育之"作为自己的人生乐趣。

孟子是我国伟大的思想家、政治家、教育家，后人称孔子为"圣人"，称他为"亚圣"。《孟子》原有11篇，现存7篇，共260章。在政治上，孟子主张民本、仁政和王道；在哲学上，孟子是儒家学派第一个系统提出人性理论的人，主张性善论；在教育方面，主张顺应天性，循序渐进，因材施教，专心致志。

第1课　孟子论君子

1. 孟子曰："子路，人告之以有过则喜。禹，闻善言则拜。大舜有大焉，善与人同，舍己从人，乐取于人以为善。自耕稼、陶、渔以至为帝，无非取于人者。取诸人以为善，是与人为善者也。故君子莫大乎与人为善。"

——《孟子·公孙丑上》

2. 孟子曰："君子所以异于人者，以其存心也。君子以仁存心，以礼存心。仁者爱人，有礼者敬人。爱人者，人恒爱之；敬人者，人恒敬之。"

——《孟子·离娄下》

3. 孟子曰："君子有三乐，而王天下不与存焉。父母俱存，兄弟无故，一乐也；仰不愧于天，俯不怍于人，二乐也；得天下英才而教育之，三乐也。君子有三乐，而王天下不与存焉。"

——《孟子·尽心上》

中华经典诗文诵读　四年级

译文

1. 孟子说："子路，别人指出他的过错，他就很高兴。大禹，听到有教益的话，就向人家拜谢。舜更了不起，总是与别人共同做善事，舍弃自己的缺点，学习人家的优点，快乐地吸取别人的长处来完善自己。从他种地、做陶器、捕鱼一直到做帝王，他身上的许多优点，没有不是从别人那里学习来的。吸取别人的优点来完善自己，也就是与别人一起来行善。所以，君子的作为没有比和别人一起行善更重要的了。"

2. 孟子说："君子不同于一般人的地方，是他的内心。君子把仁放在心里，把礼放在心里。仁人爱护别人，有礼的人尊敬别人。爱别人的人，别人常爱他；尊敬别人的人，别人常尊敬他。"

3. 孟子说："君子有三大快乐，而统治天下不在其中。父母健在，兄弟平安，这是第一大快乐；上不愧对于天，下不愧对于人，这是第二大快乐；得到天下优秀的人才进行教育，这是第三大快乐。君子有三大快乐，而统治天下不在其中。"

趣读

孟子辩君子与小人

孟子有个弟子叫公都子，经常与孟子讨论君子、性善等话题。

一天，公都子又找到孟子，问道："老师，同样是人，有的人成为了君子，有的人却成为了小人，您说这是为什么呢？"

孟子听了，上下打量着公都子，说："我觉得，满足身体重要部分的就成了君子，而满足身体次要部分的呢，就成了小人。"

公都子听后，不解地问道："同样是人，有的满足身体重要部分，有的满足身体次要部分，这又是为什么呢？"

孟子转而指着自已的耳朵说道:"你看,耳朵、眼睛这样的器官是不会思考的,是不是?"公都子连连点头。"所以它们就容易被外物蒙蔽,一和外物接触,他们很容易就被引向歧途。"公都子频频点头,好像明白了些许。孟子接着用右手捂住胸口,娓娓道来:"而心这样的器官是会思考的,思考了就会有所收获啊,不思考就不会有收获。这是上天赐给我们的。这就是告诉我们要先确立了重要部分,那就是内心所思考的,那次要部分就没办法与之抗衡了。这就成了君子了啊!"

公都子听后恍然大悟,从此便分清主次,用心思考怎样去做一名君子了。

师生画廊

第2课　孟子论志士

1. 居天下之广居，立天下之正位，行天下之大道。得志与民由之，不得志独行其道。富贵不能淫，贫贱不能移，威武不能屈，此之谓大丈夫。"

——《孟子·滕文公下》

2. 舜发于畎亩之中，傅说举于版筑之间，胶鬲举于鱼盐之中，管夷吾举于士，孙叔敖举于海，百里奚举于市。故天将降大任于是人也，必先苦其心志，劳其筋骨，饿其体肤，空乏其身，行拂乱其所为，所以动心忍性，曾益其所不能。人恒过然后能改，困于心衡于虑而后作，征于色发于声而后喻。入则无法家拂士，出则无敌国外患者，国恒亡，然后知生于忧患而死于安乐也。

——《孟子·告子下》

百家览胜

71

3. gù shì qióng bù shī yì dá bù lí dào qióng bù shī
故 士 穷 不 失 义 ， 达 不 离 道 。 穷 不 失

yì gù shì dé jǐ yān dá bù lí dào gù mín bù shī wàng yān
义 ， 故 士 得 己 焉 ； 达 不 离 道 ， 故 民 不 失 望 焉 。

gǔ zhī rén dé zhì zé jiā yú mín bù dé zhì xiū shēn xiàn yú
古 之 人 ， 得 志 ， 泽 加 于 民 ； 不 得 志 ， 修 身 见 于

shì qióng zé dú shàn qí shēn dá zé jiān shàn tiān xià
世 。 穷 则 独 善 其 身 ， 达 则 兼 善 天 下 。

——《孟子·尽心上》

译文

1. 至于大丈夫，住在天下最宽广的居所里，站在天下最正确的位置上，行走在天下最光明的大道上。得志的时候，便与老百姓一同前进；不得志的时候，便坚持自己的人生准则。富贵不能使他骄奢淫逸，贫贱不能使他改移节操，威武不能使他屈服意志，这就叫做大丈夫！

2. 舜从田野中兴起，傅说从筑墙的工匠中被选用，胶鬲从鱼盐贩中被举用，管夷吾从狱官手里释放出来被任用，孙叔敖从隐居的海边进了朝廷，百里奚从市井中登上相位。所以上天将要给某人重大使命时，就一定要先使他的内心痛苦，使他筋骨劳累，使他经受饥饿，受到贫困之苦，用种种行动去阻碍、干扰他的事业，这样来让他内心奋发，使他的性格坚定，以增长他的才干。人常常犯错误，这样以后才会改正；内心忧困，思虑堵塞，然后才能有所作为；一个人的想法，只有从脸上显露出来，在吟咏叹息声中表现出来，然后才能被人所了解。而一个国家如果国内没有坚持法度的大臣和辅佐君主的贤士，外部没有敌国外患，这类国家常常会导致灭亡。这样，人们才会明白，忧患可以使人生存，而安乐必将导致灭亡。

3. 所以士人穷困时不失去义，得志时不背离道。穷困不失去义，所以能自得其乐；得志不背离道，所以百姓不失望。古代的君子，得志，就把恩惠施加给百姓；不得志，就修养自身显现于世。穷困时就独善其身，得志时就兼善天下。

趣读

列子拒赠

列子住在郑国，是一个很有学问的人，但他的生活非常清苦。

一次，朋友见到列子生活艰难，便去拜访了郑国的辅政大夫郑子阳，毫不客气地批评了他。郑子阳明白不知道尊重人才，这是很无知很丢脸的事情，一定会被各国诸侯取笑，只好点头认错。

第二天，郑子阳便派官员去拜访列子，还带上160斛（hú）粮食。列子对来访官员很客气，但表示无功不受禄，拒绝接受郑子阳的馈（kuì）赠。无奈，使者只得带着粮食回到郑府。送走来客，列子便受到了家人的埋怨。

列子心平气和地解释道："郑大夫不是看中我的才能和品德，是因为有人劝说才给我送来粮食。那么他要加罪于我，不是又可以因为别人的话来惩罚我吗？况且，接受别人的馈赠，在别人遇到困难的时候，就要不惜牺牲地去帮助对方。可是郑大夫是一个贪婪的人，心术不正，为人不善，是个不值得帮助的人。如果我收了他的馈赠，他要是遇到灾难，我去不去帮助他呢？不去，是不义的行为；去，就是帮助不义的人。我怎么可以这样做呢？"

后人这样评价他："列子真是个见微知著的人，他在家庭贫困的时候，还能见利思义，真是难得啊！"

第3课　孟子论仁义

1. 老吾老，以及人之老；幼吾幼，以及人之幼。天下可运于掌。《诗》云："刑于寡妻，至于兄弟，以御于家邦。"言举斯心加诸彼而已。故推恩足以保四海，不推恩无以保妻子。古之人所以大过人者无他焉，善推其所为而已矣。

——《孟子·梁惠王上》

2. 孟子曰："自暴者，不可与有言也；自弃者，不可与有为也。言非礼义，谓之自暴也；吾身不能居仁由义，谓之自弃也。仁，人之安宅也；义，人之正路也。旷安宅而弗居，舍正路而不由，哀哉！"

——《孟子·离娄上》

3. 孟子曰："仁之胜不仁也，犹水胜火。今之为仁者，犹以一杯水，救一车薪之火也；不熄，则谓之水不胜火。此又与于不仁之甚者也，亦终必亡而已矣。"

——《孟子·告子上》

译文

1. 尊重自家的长辈，推广到也尊重他人的长辈；爱护自家的晚辈，推广到也爱护他人的晚辈，这样治理天下就易如反掌了。《诗经》里说过："在家先做妻儿的榜样，然后兄弟也照样，再推广到治理国家。"说的不过是以这样的仁心来施加于他人罢了。所以推广恩惠足以安抚四海，不推广恩惠连妻儿也保护不了。古代圣贤之所以远远超过别人，没有别的奥妙，只是善于推广他的善行罢了。

2. 孟子说："一个自暴的人，不可以跟他谈正经话；一个自弃的人，不可以跟他有所作为。一个人言谈不合礼仪叫做'自暴'；自身不能依据仁德、遵循义理来行事叫做'自弃'。仁是人们最安适的住宅，义是人们最正确的道路。一个人空着最安适的住宅不去居住，丢下最正确的道路不去行走，真是可悲啊！"

3. 孟子说："仁能战胜不仁，就像水能战胜火一样。而现在一些行仁的人，好比用一杯水去浇灭一车木柴燃起的大火；火不熄灭，就说水不能战胜火。这又和那些最不仁的人相同了，结果连原来那点仁最终也丧失了。"

趣读

仁义陶朱公

范蠡（lǐ）乘船漂海到了齐国，更名改姓，自称"鸱（chī）夷子皮"，在海边耕作，吃苦耐劳，努力生产，父子合力治理产业。住了不久，积累财产达几十万。齐人听说他贤能，让他做了国相。范蠡叹息道："住在家里就积累千金财产，做官就达到卿（qīng）相高位，这是平民百姓能达到的最高地位了。长久享受尊贵的名号，不吉祥。"于是归还了相印，全部发散了自己的家产，送给知音好友同乡邻里，携带着贵重财宝，秘密离去。

随后，范蠡来到陶地住了下来。他认为这里是天下的中心，交易买卖的道路通畅，经营生意可以发财致富。于是自称陶朱公。又约定好父子都要耕种畜牧，贮存货物，买进卖出时都等待时机，以获得十分之一的利润。过了不久，家资又积累到万万。天下人都称道陶朱公。

第4课　孟子论人和

tiān shí bù rú dì lì, dì lì bù rú rén hé. sān lǐ zhī
天 时 不 如 地 利，地 利 不 如 人 和。三 里 之

chéng, qī lǐ zhī guō huán ér gōng zhī ér bú shèng. fú huán ér gōng
城，七 里 之 郭，环 而 攻 之 而 不 胜。夫 环 而 攻

zhī, bì yǒu dé tiān shí zhě yǐ; rán ér bú shèng zhě, shì tiān shí bù
之，必 有 得 天 时 者 矣；然 而 不 胜 者，是 天 时 不

rú dì lì yě. chéng fēi bù gāo yě, chí fēi bù shēn yě, bīng gé fēi
如 地 利 也。城 非 不 高 也，池 非 不 深 也，兵 革 非

bù jiān lì yě, mǐ sù fēi bù duō yě, wěi ér qù zhī, shì dì lì
不 坚 利 也，米 粟 非 不 多 也，委 而 去 之，是 地 利

bù rú rén hé yě. gù yuē: yù mín bù yǐ fēng jiāng zhī jiè, gù
不 如 人 和 也。故 曰：域 民 不 以 封 疆 之 界，固

guó bù yǐ shān xī zhī xiǎn, wēi tiān xià bù yǐ bīng gé zhī lì.
国 不 以 山 溪 之 险，威 天 下 不 以 兵 革 之 利。

dé dào zhě duō zhù, shī dào zhě guǎ zhù. guǎ zhù zhī zhì, qīn qī pàn
得 道 者 多 助，失 道 者 寡 助。寡 助 之 至，亲 戚 畔

zhī; duō zhù zhī zhì, tiān xià shùn zhī. yǐ tiān xià zhī suǒ shùn, gōng
之；多 助 之 至，天 下 顺 之。以 天 下 之 所 顺，攻

qīn qī zhī suǒ pàn, gù jūn zǐ yǒu bú zhàn, zhàn bì shèng yǐ.
亲 戚 之 所 畔，故 君 子 有 不 战，战 必 胜 矣。

——《孟子·公孙丑下》

译文

　　有利于作战的天气、时令，比不上有利于作战的地理形势，有利于作战的地理形势比不上作战的人团结一致。方圆三里的小城，只有方圆七里的外城，包围着攻打它却不能取胜。包围着攻打它，必定是得到了有利于作战的天气、时令，但是不能取胜，这是由于有利于作战的天气、时令不如有利于作战的地理形势。城墙不是不高，护城河不是不深，武器装备不是不坚利，粮食不是不多，但守城者弃城而逃，是因为对作战有利的地理形势不如作战

的人内部团结。所以说，留住百姓不能只依靠划定边疆的界限，巩固国防不能靠山河的险要，震慑天下不能靠武力的强大。施行仁政的君主，得到的帮助支持就多，不施行仁政的君主，得到的帮助支持就少。帮助的人少到了极点，父母兄弟都背叛他。帮助的人多到了极点，天下人都归顺他。凭借天下人都归顺他的条件，去攻打那连父母兄弟都反对的，所以君子不战则已，战就一定能胜利。

齐威王纳谏

齐威王即位后的前九年，贪图享乐，不理朝政，致使齐国出现了"诸侯并伐，国人不治"的局面。邹忌是齐国很有才学的人，看到国家这种困境，听说齐威王喜欢音乐，就想出了一条劝说齐威王的计策。

有一天，邹忌抱着一架古琴进宫见到了齐威王。邹忌坐下来后，调着弦儿做出要弹奏的样子，可是两只手却搁在琴上一动不动。齐威王很纳闷，问他说："你既已调了弦儿，怎么不弹呢？"邹忌却说："我不仅会弹琴，还知道弹琴的道理呢。"

于是，邹忌从上古圣王伏羲氏做琴讲起，一直谈到周文王、武王各加一弦，还没谈完。齐威王听得有些不耐烦了，就不高兴地说："你说得倒是挺好，可为什么不弹支曲子给我听听呢？"邹忌正色说道："大王瞧我对着古琴不弹，有点不乐意了吧？怪不得齐国人瞧见大王拿着齐国这把大琴不弹，都有点不乐意呢！"齐威王这才恍然大悟，忙站起来说："原来先生是拿琴来劝说我！"

他赶忙叫人把琴拿下去，立即和邹忌谈论起国家大事来。邹忌劝齐威王重用有才能的人，增加生产，节省财物，训练兵马，建立霸业。

从此以后，齐威王亲理朝政。他听取群臣意见，重用贤才，采取了一系列有利于国家发展的措施，使齐国成为东方第一强国。

第5课　孟子论浩然之气

（公孙丑）曰："敢问何谓浩然之气？"

（孟子）曰："难言也。其为气也，至大至刚，以直养而无害，则塞于天地之间。其为气也，配义与道；无是，馁也。是集义所生者，非义袭而取之也。行有不慊于心，则馁矣。必有事焉，而勿正，心勿忘，勿助长也。无若宋人然：宋人有闵其苗之不长而揠之者，芒芒然归。谓其人曰：'今日病矣！予助苗长矣！'其子趋而往视之，苗则槁矣。天下之不助苗长者寡矣。以为无益而舍之者，不耘苗者也；助之长者，揠苗者也。非徒无益，而又害之。"

——《孟子·公孙丑上》

译文

公孙丑问道："请问什么叫做浩然之气呢？"

孟子说："这很难用一两句话说清楚。这种气，是最强大、最刚健的，用正义去培养它而不加以伤害，就会充满天地之间。这种气必须和仁义与道德相配，否则就会缺乏力量。它要有经常性的正义蓄养才能生成，而不是靠偶尔的正义行为就能获取的。一旦你的行为问心有愧，这种气就会缺乏力量了。我们一定要不断地培养义，心中不要忘记，但也不要去帮助它生长。不要像宋人一样：宋国有个嫌他种的禾苗长不高而把它拔高的人，累得气喘吁吁地回家，对他家里人说：'今天可真把我累坏啦，我让禾苗长高了！'他的儿子跑到地里去一看，禾苗已全部枯死了。天下不帮助禾苗生长的人是很少的。认为养护庄稼没有用处而不去管它们的，是只种庄稼不除草的懒汉；违背规律去帮助庄稼生长的，就是这种揠苗助长的人。这样做不仅没有益处，反而害死了庄稼。"

趣读

赵威后问齐使

一天，齐襄王派使者去问候赵孝成王的母亲赵威后。

齐王写给赵威后的书信还没有启封，赵威后问使者："贵国今年没有遭灾吧？百姓安乐吧？大王也康健吧？"使者很不高兴，说："臣下奉命向太后问好，现在您不先问齐王状况，却先问年成和百姓，岂不是先卑后尊了吗？"赵威后说："不是这样。如果没有好年成，靠什么养育百姓？如果没有百姓，哪里会有国君？所以，我的话哪里是本末倒置呢？"赵威后接着又问道："齐国有个隐士叫钟离子，他主张接济平民百姓，帮助齐王安抚百姓，齐王为何至今也不重用他呢？还有叶阳子，他怜悯鳏寡，抚恤孤儿老人，救济贫困的人，这是帮助齐王使百姓生息繁衍的人，为什么到现在还不加以重用？那位家姓北宫、名叫婴儿子的孝女还好吗？她摘去了耳环玉坠，一直到老都不出嫁，尽心奉养父母，为什么现在还没有听说齐王对她进行表彰呢？这些人都不被国家重视，君主不仁民爱物，你们国家怎么会不人心涣散和政局动荡呢？"

赵威后虽是女性，却懂得"民为贵、君为轻"的道理，不愧是古代杰出的政治家。

第6课　孟子论舍生取义

鱼，我所欲也；熊掌，亦我所欲也。二者不可得兼，舍鱼而取熊掌者也。生，亦我所欲也；义，亦我所欲也。二者不可得兼，舍生而取义者也。生亦我所欲，所欲有甚于生者，故不为苟得也。死亦我所恶，所恶有甚于死者，故患有所不辟也。如使人之所欲莫甚于生，则凡可以得生者何不用也？使人之所恶莫甚于死者，则凡可以辟患者何不为也？由是则生而有不用也，由是则可以辟患而有不为也。是故所欲有甚于生者，所恶有甚于死者。非独贤者有是心也，人皆有之，贤者能勿丧耳。

一箪食，一豆羹，得之则生，弗得则死。呼尔而与之，行道之人弗受；蹴尔而与之，乞人不屑也。万钟则不辩礼义而受之，万

钟 于 我 何 加 焉！为 宫 室 之 美，妻 妾 之 奉，
所 识 穷 乏 者 得 我 与？乡 为 身 死 而 不 受，今
为 宫 室 之 美 为 之；乡 为 身 死 而 不 受，今 为
妻 妾 之 奉 为 之；乡 为 身 死 而 不 受，今 为 所 识
穷 乏 者 得 我 而 为 之：是 亦 不 可 以 已 乎？此
之 谓 失 其 本 心。

——《孟子·告子上》

译文

　　鱼是我所喜爱的，熊掌也是我所喜爱的，如果这两种东西不能够同时得到，那么我就舍弃鱼而选择熊掌。生命是我所喜爱的，道义也是我所喜爱的，如果这两种东西不能够同时得到，那么就舍弃生命而选择道义。生命是我所喜爱的，但我喜爱的还有比生命更重要的东西，所以我不做苟且偷生的事；死亡是我所厌恶的，但我所厌恶的事还有比死亡更讨厌的，所以有的灾祸我不躲避。如果人们所追求的东西没有超过生命的，那么凡是能够用来求得生存的手段，有什么不能采用呢？如果人们所厌恶的事情没有比死亡更令人讨厌的，那么凡是能够用来逃避死亡的办法，有什么不能采用呢？通过某种办法就可以得到生存，然而有人不用；通过某种办法就可以逃避死亡，然而有人不用。是因为他们所追求的，有比生命更宝贵的；他们所厌恶的，有比死亡更讨厌的事。不仅是贤人有这样的本性，人人都有，只不过贤人能够不丢失罢了。

一箪饭，一碗汤，得到了就可活下去，得不到就会饿死。可是没有礼貌地呵斥着给别人吃，饥饿的路人不肯接受；用脚踢给别人吃，乞丐也不愿意接受。万钟的俸禄如果不辨别是否合乎礼义就接受它，这样万钟的俸禄对我有什么好处呢？是为了住宅的华丽、妻妾的侍奉，所认识的贫穷的人感激我吗？先前有人为了道义宁愿死也不肯接受一箪食，一豆羹，现在有人为了住宅的华丽却接受了；先前有人为了道义宁愿死也不肯接受，现在有人为了妻妾侍奉却接受了；先前有人为了道义宁愿死也不肯接受，现在有人为了熟识的穷人感激自己却接受了。这种做法不是可以让它停止了吗？这种做法就叫做丧失了人所固有的廉耻之心。

趣读

颜真卿秉持大义

公元782年，唐德宗想改变藩镇专权的局面，却引发了藩镇叛乱。其中淮西节度使李希烈兵势最强，他自称天下都元帅，向朝廷发动进攻，朝野震惊。

德宗要宰相卢杞（qǐ）平叛，而卢杞却想借机铲除他一向嫉妒的颜真卿，于是说："不要紧，只要派一位德高望重的大臣去劝导他们，不费一刀一枪，就能平息叛乱。"就这样，卢杞趁机推荐了颜真卿。这时候，颜真卿虽然已是七十高龄，但却勇于担当大任，毅然答应了皇上的委派。

李希烈听到颜真卿来了，想给他个下马威。于是就叫他的部将等一千多人都聚集在厅堂内外，阵势非常大。颜真卿刚开始劝说李希烈停止叛乱的时候，那些部将就拿着明晃晃的刀枪，一拥而上围住颜真卿，又是谩骂，又是威胁。颜真卿面不改色，正义凛然地劝说他们改弦易辙，归顺朝廷。李希烈见劝降不成，就把颜真卿软禁起来。

过了一年，李希烈自称楚帝，又派部将逼颜真卿投降。士兵们在囚禁颜真卿的院子里堆起柴火，浇上油，威胁要烧死他。颜真卿二话没说，纵身就往火里跳去。叛将们大吃一惊，急忙拦下了他，并汇报给了李希烈。李希烈想尽各种办法，还是没能使颜真卿屈服，最终派人将其缢（yì）杀。

颜真卿在大义面前毫不屈服，壮烈殉国，他的气节永远值得后人敬仰。

《荀子》选读

　　荀子（公元前298—前238年），名况，战国末期赵国人，著名的思想家、文学家。他与孔子、孟子被称为先秦儒学最重要的三个人物。

　　《史记》记载，荀子五十岁来到齐国，曾在稷（jì）下学宫讲学，三为祭酒，后因被谗，到了楚国，被封为兰陵令，去世后葬在兰陵。《荀子》是荀子晚年在兰陵写成的。

　　荀子的思想，综合了战国道家、墨家、名家、法家诸家的思想成分，对儒学做了创造性的发展，其中特别重要的是他关于人性、礼法、人的地位、名实关系的学说。孟子主张"人性善"，而荀子却主张"人性恶"，这是荀子思想中最有特色的部分。据载，法家代表人物韩非，还有秦相李斯，都是荀子的学生。

百家览胜

第1课　天行有常

tiān xíng yǒu cháng　bú wèi yáo cún　bú wèi jié wáng　yìng zhī

1. 天 行 有 常，不 为 尧 存，不 为 桀 亡。应 之

yǐ zhì zé jí　yìng zhī yǐ luàn zé xiōng　qiáng běn ér jié yòng　zé

以 治 则 吉，应 之 以 乱 则 凶。强 本 而 节 用，则

tiān bù néng pín　yǎng bèi ér dòng shí　zé tiān bù néng bìng　xún dào

天 不 能 贫；养 备 而 动 时，则 天 不 能 病；循 道

ér bú tè　zé tiān bù néng huò　gù shuǐ hàn bù néng shǐ zhī jī

而 不 忒，则 天 不 能 祸。故 水 旱 不 能 使 之 饥，

hán shǔ bù néng shǐ zhī jí　yāo guài bù néng shǐ zhī xiōng

寒 暑 不 能 使 之 疾，妖 怪 不 能 使 之 凶。

——《荀子·天论》

mǎ hài yú zé jūn zǐ bù ān yú　shù rén hài zhèng zé jūn

2. 马 骇 舆 则 君 子 不 安 舆；庶 人 骇 政 则 君

zǐ bù ān wèi　mǎ hài yú zé mò ruò jìng zhī　shù rén hài zhèng

子 不 安 位。马 骇 舆 则 莫 若 静 之；庶 人 骇 政

zé mò ruò huì zhī　xuǎn xián liáng　jǔ dǔ jìng　xīng xiào tì　shōu gū

则 莫 若 惠 之。选 贤 良，举 笃 敬，兴 孝 弟，收 孤

guǎ　bǔ pín qióng　rú shì　zé shù rén ān zhèng yǐ　shù rén ān

寡，补 贫 穷。如 是，则 庶 人 安 政 矣。庶 人 安

zhèng　rán hòu jūn zǐ ān wèi　zhuàn yuē　jūn zhě　zhōu yě　shù rén

政，然 后 君 子 安 位。传 曰："君 者，舟 也；庶 人

zhě　shuǐ yě　shuǐ zé zài zhōu shuǐ zé fù zhōu　cǐ zhī wèi yě

者，水 也。水 则 载 舟，水 则 覆 舟。" 此 之 谓 也。

——《荀子·王制》

译文

　　1. 大自然运行是有规律的，它不因为尧而存在，也不因为桀而灭亡。用正确的措施去适应它就吉利，用错误的措施去适应它就凶险。加强农业生产而节约费用，那么上天就不能使他贫穷；衣食给养齐备而活动适时，那么上

天也不能使他困顿；遵循规律而不出差错，那么上天就不能使他遭殃。所以水涝旱灾不能使他饥饿，严寒酷暑不能使他生病，自然界的反常变异不能使他遭殃。

2. 马在拉车时受惊了狂奔，那么君子就不能稳坐车中；老百姓被苛政惊扰，那么君子就不能稳坐江山。马在拉车时受惊了，那就没有比使它安静下来更好的了；老百姓被苛政惊扰，那就没有比给他们恩惠更好的了。选用有德才的人，提拔忠厚恭谨的人，提倡孝顺父母、敬爱兄长，收养孤儿寡妇，补助贫穷的人，像这样，那么老百姓就服从统治了。老百姓服从统治，君子才能安居上位。古书上说："君主，好比是船；百姓，好比是水。水能载船，水也能翻船。"说的就是这个道理。

趣读

荀子论礼义治国

荀子有个高徒叫李斯，是秦国的丞相，辅佐秦王嬴政消灭六国。

一次，李斯向荀子请教说："秦孝公任用商鞅变法后，秦国一变而成为强盛的大国，却不是通过先生所说的礼义达到的。先生对此有什么高见呢？"

荀子若有所思地答道："这让我想到了楚国由强变弱的缘故。从前的楚国与现在的秦国一样强大：楚国人用鲨鱼、犀牛等动物坚硬的厚皮制成铠甲，比金石还要坚固；用宛地出产的硬铁制成长矛利戈，被击中的人会如同遭受毒蜂巨蝎的蜇刺一样惨痛。楚国的士兵全副武装，耀武扬威。楚国又凭借汝、颍二水的天险，构筑了易守难攻的防御工事。由此看来，楚国的军事实力和防御可以说是最先进、最稳固不过了。然而秦国的军队一到，攻陷楚国的鄢（yān）、郢（yǐng）二地就如同摇落朽树上的枯叶那样容易。楚国的失败不是因为没有强大的兵力、坚固的要塞，而是不以礼义之道治国的缘故。秦国如果执迷不悟地单纯依靠自己的军事实力而不行礼义，最后也难免要重蹈楚国失败的覆辙。"

此后的历史发展证实了荀子的预言，秦国统一天下仅仅十五年之后，就被天下群雄推翻了。

第2课 相 人

相人，古之人无有也，学者不道也。

古者有姑布子卿，今之世，梁有唐举，相人之形状颜色而知其吉凶妖祥，世俗称之。古之人无有也，学者不道也。故相形不如论心，论心不如择术。形不胜心，心不胜术。术正而心顺之，则形相虽恶而心术善，无害为君子也；形相虽善而心术恶，无害为小人也。

君子之谓吉，小人之谓凶。故长短、大小，美恶形相，非吉凶也。古之人无有也，学者不道也。

——《荀子·非相》

译文

观察人的相貌来推测吉凶祸福，古代的人没有这种事，有学识的人也不谈论这种事。

古时候有个姑布子卿，现今魏国有个唐举，观察人的容貌、面色就能知道吉凶、祸福，世俗之人都称道他们。古代的人没有这种事，有学识的人也不谈论这种事。观察人的相貌不如考察他的思想，考察人的思想不如研究他立身处世的方法。人的相貌不如思想重要，人的思想比不上立身处世的方法重要。立身处世的方法正确而思想又顺应了它，那么人的形体相貌即使丑陋，也不会妨碍他成为君子；人的形体相貌即使好看，而思想与立身处世方法丑恶，也免不了会成为小人。

君子就是吉，小人就是凶。所以高矮、大小、美丑等形体相貌上的特点，并不是判断吉凶的根据。古代的人没有这种事，有学识的人也不谈论这种事。

趣读

庞统自荐多坎坷

庞统是三国时期有名的人物，几乎和诸葛亮齐名，是司马徽向刘备推荐的"伏龙、凤雏（chú），得一而安天下"的"凤雏"。

可是在以貌取人的世俗社会，饱学多才的庞统，因为相貌比较丑陋，为实现建功立业的志向多次自荐受挫。

起初，庞统想投奔孙权。经过孙权重臣鲁肃推荐，孙权接见了庞统，因其相貌丑陋，不听鲁肃劝谏，铁心不用。后来，庞统想投刘备，通过诸葛亮推荐。诸葛亮因身在江东脱不开身，就给刘备写了一封举荐信。庞统素知刘备三顾茅庐请诸葛的爱才名声，想通过自己的才学打动刘备，就没有出示诸葛亮的举荐信。结果和刘备见面之后，刘备也不喜欢庞统的外貌，没谈几句，就把他打发到一个小县耒（lěi）阳去做县令。

庞统因其外貌不佳，接连受挫。到了耒阳，整日醉酒，不理县政。刘备听说后很恼火，派张飞前往察看。幸亏张飞粗中有细，发现庞统半日之内就将数月案件处理得一清二楚，并出示了诸葛亮的举荐信，才知道刘备对庞统是大材小用了。

刘备知错就改，立即重用庞统。庞统为刘备取西川立下了大功。

第3课 人之欲为善者，为性恶也

1. 孟子曰："人之学者，其性善。"曰：是不然。是不及知人之性，而不察乎人之性伪之分者也。凡性者，天之就也，不可学，不可事。礼义者，圣人之所生也，人之所学而能，所事而成者也。不可学、不可事而在人者，谓之性；可学而能、可事而成之在人者，谓之伪，是性伪之分也。

2. 凡人之欲为善者，为性恶也。夫薄愿厚，恶愿美，狭愿广，贫愿富，贱愿贵，苟无之中者，必求于外；故富而不愿财，贵而不愿势，苟有之中者，必不及于外。用此观之，人之欲为善者，为性恶也。

——《荀子·性恶》

1. 孟子说："人们之所以学习,是因为人本性是善良的。"我说:这是不对的。这是还没有能够了解人的本性,而且是不明白人的先天本性和后天人为之间的区别的一种说法。大凡本性,是天然造就的,是不可能学到的,是不可能人为造作的。礼义,是圣人创建的,是人们学了才会,努力从事就能做到的。人身上不可能学到、不可能人为造作的东西,叫做本性;人身上可以学会、可以通过努力从事而做到的,叫做人为,这就是先天本性和后天人为的区别。

2. 一般地说,人们想行善,正是因为其本性是恶的。那微薄的希望丰厚,丑陋的希望美丽,狭窄的希望宽广,贫穷的希望富裕,卑贱的希望高贵,如果本身没有它,就一定要向外去追求;所以富裕了就不羡慕钱财,显贵了就不羡慕权势,如果本身有了它,就一定不会向外去追求了。由此看来,人们想行善,正是因为其本性是恶的。

唐鞅(yāng)自掘坟墓

春秋时期,唐鞅做了宋国的相国,以为有了权力就可以为所欲为,遂鼓动宋康王利用王权实施淫威。有一次,宋康王问唐鞅:"我杀了不少人,可群臣依旧不怕我,为什么呢?"唐鞅便迎合宋康王的意思说:"您所杀的都是有罪的人,没罪的人自然不必害怕。您如果想让群臣惧怕,就不管有罪没罪,只要不顺心,想杀谁就杀谁,臣民人人自危,自会对您非常害怕了。"康王点头,觉得非常有道理。

后来宋康王厌倦了唐鞅,找个借口就把他给杀了。然而唐鞅虽死,他给宋国带来的灾难并未因此停息。宋康王蒙蔽于唐鞅之说,不以仁道治国。没有多久,齐国的军队就荡平了宋国。

荀子认为,世上万物各有差异,只看到其中的一面就会造成思想上的闭塞。只有保持清醒的头脑,积蓄道德,依礼行事,才能立于不败之地。

第4课 劝 学

jūn zǐ yuē xué bù kě yǐ yǐ qīng qǔ zhī yú lán
君子曰：学不可以已。青，取之于蓝，

ér qīng yú lán bīng shuǐ wéi zhī ér hán yú shuǐ mù zhí zhòng
而青于蓝；冰，水为之，而寒于水。木直中

shéng róu yǐ wéi lún qí qū zhòng guī suī yòu gǎo pù bú fù tǐng
绳，輮以为轮，其曲中规，虽有槁暴，不复挺

zhě róu shǐ zhī rán yě gù mù shòu shéng zé zhí jīn jiù lì zé
者，輮使之然也。故木受绳则直，金就砺则

lì jūn zǐ bó xué ér rì cān xǐng hū jǐ zé zhì míng ér xíng wú
利，君子博学而日参省乎已，则知明而行无

guò yǐ
过矣。

wú cháng zhōng rì ér sī yǐ bù rú xū yú zhī suǒ xué
吾尝终日而思矣，不如须臾之所学

yě wú cháng qí ér wàng yǐ bù rú dēng gāo zhī bó jiàn yě
也；吾尝跂而望矣，不如登高之博见也。

dēng gāo ér zhāo bì fēi jiā cháng yě ér jiàn zhě yuǎn shùn fēng ér
登高而招，臂非加长也，而见者远；顺风而

hū shēng fēi jiā jí yě ér wén zhě zhāng jiǎ yú mǎ zhě fēi lì
呼，声非加疾也，而闻者彰。假舆马者，非利

zú yě ér zhì qiān lǐ jiǎ zhōu jí zhě fēi néng shuǐ yě ér jué
足也，而致千里；假舟楫者，非能水也，而绝

jiāng hé jūn zǐ xìng fēi yì yě shàn jiǎ yú wù yě
江河。君子生非异也，善假于物也。

jī tǔ chéng shān fēng yǔ xīng yān jī shuǐ chéng yuān jiāo lóng
积土成山，风雨兴焉；积水成渊，蛟龙

shēng yān jī shàn chéng dé ér shén míng zì dé shèng xīn bèi yān
生焉；积善成德，而神明自得，圣心备焉。

gù bù jī kuǐ bù wú yǐ zhì qiān lǐ bù jī xiǎo liú wú yǐ
故不积跬步，无以至千里；不积小流，无以

chéng jiāng hǎi qí jì yí yuè bù néng shí bù nú mǎ shí jià
成江海。骐骥一跃，不能十步；驽马十驾，

gōng zài bù shě qiè ér shě zhī xiǔ mù bù zhé qiè ér bù shě
功在不舍。锲而舍之，朽木不折；锲而不舍，

jīn shí kě lòu yǐn wú zhǎo yá zhī lì jīn gǔ zhī qiáng shàng shí
金 石 可 镂。蚓 无 爪 牙 之 利,筋 骨 之 强,上 食

āi tǔ xià yǐn huáng quán yòng xīn yī yě xiè liù guì ér èr
埃 土,下 饮 黄 泉,用 心 一 也。蟹 六 跪 而 二

áo fēi shé shàn zhī xué wú kě jì tuō zhě yòng xīn zào yě
螯,非 蛇 鳝 之 穴 无 可 寄 托 者,用 心 躁 也。

——《荀子·劝学》

译文

君子说:学习是不可以停止的。靛青是从蓝草里提取的,可是比蓝草的颜色更深;冰是水凝结而成的,却比水还要寒冷。木材直得可以符合拉直的墨线,通过煨烤就可以弯曲成车轮,那么木材的弯度就合乎圆的标准了,即使又被风吹日晒而干枯了,木材也不会再挺直,是因为经过加工使它成为这样的。所以木材用墨线量过,再经辅具加工就能取直,刀剑等金属制品在磨刀石上磨过就能变得锋利。君子广泛地学习,而且每天反省自己,那么他就会聪明机智,而行为就不会有过错了。

我曾经整天地思索,但不如学习片刻有所得;我曾经踮起脚跟瞭望,但不如登上高处所见到的广阔。登上高处招手,手臂并没有加长,但远处的人能看得见;顺着风向呼喊,声音并没有加强,但听见的人觉得很清楚。凭借车马的人,并不是善于走路,却能到达千里之外;凭借船、桨的人,并不是善于游泳,但能渡过江河。君子生性并非与人不同,只是善于凭借外物罢了。

堆积土石成了高山,风雨就从这里兴起了;汇积水流成为深渊,蛟龙就从这儿产生了;积累善行养成高尚的品德,自然会心智澄明,也就具有了圣人的精神境界。所以不积累一步半步的行程,就没有办法达到千里之远;不积累细小的流水,就没有办法汇成江河大海。骏马一次跨跃,也不足十步远;劣马拉车走十天也能走得很远,它的成功就在于不停地走。如果刻几下就停下来了,那么腐朽的木头也刻不断;如果不停地刻下去,那么金石也能雕刻成功。蚯蚓没有锐利的爪子、牙齿和强健的筋骨,却能向上吃到泥土,向下喝到泉水,这是由于它用心专一啊。螃蟹有六条腿、两个蟹钳,但是如果没有蛇、鳝的洞穴它就无处存身,这是因为它用心浮躁啊。

伯牙蓬莱悟琴艺

春秋时期，有个叫俞伯牙的人，随成连先生学古琴。他掌握了各种演奏技巧，但是老师感到他演奏时，常常是理解不深，单纯地把音符奏出来而已，少了点神韵，不能引起欣赏者的共鸣。

有一天，成连先生对伯牙说："我的老师方子春，居住在东海，他能传授培养人情趣的方法。我带你前去，让他给你讲讲，能够大大提高你的艺术水平。"于是师徒两人备了干粮，乘船出发。

到了东海蓬莱，成连先生对伯牙说："你留在这里练琴，我去寻师父。"说罢，就摇船渐渐远离。过了十天，成连先生还没回来。伯牙在岛上等得心焦，每天抚琴打发寂寞。调琴之余，举目四眺，不觉心旷神怡。他面对浩瀚的大海，倾听澎湃的涛声，远望山林，郁郁葱葱，深远莫测，不时传来群鸟啁（zhōu）啾（jiū）的叫声。这些各有妙趣的景象，奇特不一的音响使他不觉浮想联翩。他感到自己的情趣高尚了许多。

伯牙产生了创作激情，要把自己的感受谱成音乐。于是他架起琴，把满腔激情倾注到琴弦上，一气呵成，谱写了一曲《高山流水》。

此后，俞伯牙不断积累生活和艺术体会，终于成了天下操琴的高手。

师生画廊

古文选粹

第1单元　描景状物类

第1课　归田赋

汉·张衡

游都邑以永久，无明略以佐时；徒临
川以羡鱼，俟河清乎未期。感蔡子之慷慨，
从唐生以决疑。谅天道之微昧，追渔父以
同嬉。超埃尘以遐逝，举世事乎长辞。

于是仲春令月，时和气清，原隰郁茂，
百草滋荣。王雎鼓翼，鸧鹒哀鸣。交颈颉颃，
关关嘤嘤。于焉逍遥，聊以娱情。尔乃龙吟
方泽，虎啸山丘。仰飞纤缴，俯钓长流。触矢
而毙，贪饵吞钩，落云间之逸禽，悬渊沉之

shā liú
鲨鳎。

yú shí yào líng é yǐng xì yǐ wàng shū jí pán yóu zhī zhì
于时曤灵俄景，系以望舒。极般游之至

lè suī rì xī ér wàng qú gǎn lǎo shì zhī yí jiè jiāng huí jià
乐，虽日夕而忘劬。感老氏之遗诫，将回驾

hū péng lú tán wǔ xián zhī miào zhǐ yǒng zhōu kǒng zhī tú shū huī
乎蓬庐。弹五弦之妙指，咏周孔之图书。挥

hàn mò yǐ fèn zǎo chén sān huáng zhī guǐ mó gǒu zòng xīn yú wù
翰墨以奋藻，陈三皇之轨模。苟纵心于物

wài ān zhī róng rǔ zhī suǒ rú
外，安知荣辱之所如?

译文

在京都作官时间已长久，没有高明的谋略去辅佐君王；只在河旁称赞鱼肥味美，等到黄河水清还不知是哪年。想到蔡泽的壮志不能如愿，要找唐举去相面来解决疑题。知道天道微妙不可捉摸，要跟随渔夫去同乐于山川。丢开那污浊的社会远远离去，与世间的杂务长期分离。

正是仲春二月，气候温和，天气晴朗，高原与低地，树木茂密，百草滋荣。鱼鹰在水面张翼低飞，黄莺在枝头婉转歌唱。河面鸳鸯交颈，鸣声美妙动听。逍遥在这原野的春光之中，我心情欢畅。于是我就在大湖旁龙鸣般歌唱，在小丘上虎啸般吟诗。向云间射上箭矢，往河里撒下钓丝。飞鸟被射中毙命，鱼儿因贪吃上钩，天空落下了鸿雁，水中钓起了鲨鳎。

不多时夕阳西下，皓月升空。嬉游已经极乐，虽然夜来还不知疲劳。想到老子的告诫，就该驾车回草庐。弹奏五弦琴指法美妙，读圣贤书滋味无穷。提笔作文，发挥文采，述说那古代圣王的教范。只要我置身于世人之外，哪管它荣耀还是耻辱呢?

第2课 三 峡

北魏·郦道元

自三峡七百里中，两岸连山，略无阙处。重岩叠嶂，隐天蔽日，自非亭午夜分，不见曦月。

至于夏水襄陵，沿溯阻绝。或王命急宣，有时朝发白帝，暮到江陵，其间千二百里，虽乘奔御风，不以疾也。

春冬之时，则素湍绿潭，回清倒影，绝巘多生怪柏，悬泉瀑布，飞漱其间，清荣峻茂，良多趣味。

每至晴初霜旦，林寒涧肃，常有高猿长啸，属引凄异。空谷传响，哀转久绝。故渔者歌曰："巴东三峡巫峡长，猿鸣三声泪沾裳！"

译文

在三峡七百里江流中，两岸高山连绵不绝，没有中断的地方。重重叠叠的山崖和峭壁，遮蔽了天空，挡住了阳光，假如不是正午和半夜，就看不到太阳和月亮。

到了夏季，大水涨上两岸的丘陵，上行和下行的航路都被阻绝，不能通行。有时皇帝的命令急需传达，早晨从白帝城出发，傍晚就到了江陵，这中间有一千二百里的路程，即使骑上奔驰的骏马，驾驭迅疾的长风，也没有船快。

春冬季节，白色的急流，碧绿的深潭，倒映着两岸山色，陡峭的山峰上生长着许多姿态奇特的柏树，悬崖上的泉水和瀑布，飞流冲荡，水清，树荣，山峻，草盛，实在很有趣味。

每逢雨后初晴或下霜的清晨，树林山涧清冷而寂静，常有猿猴在高处长声鸣叫，声音连续不断，异常凄冷。回声在空旷的山谷中，很久很久才能消失。所以打鱼的人唱道："巴东三峡巫峡长，猿鸣三声泪沾裳。"

师生画廊

第3课　愚溪诗序（节选）

唐·柳宗元

灌水之阳，有溪焉，东流入于潇水。

或曰："冉氏尝居也，故姓是溪为冉溪。"

或曰："可以染也，名之以其能，故谓之染溪。"余以愚触罪，谪潇水上，爱是溪，入二三里，得其尤绝者家焉。古有愚公谷，今余家是溪，而名莫能定。土之居者犹龂龂然，不可以不更也，故更之为"愚溪"。

愚溪之上，买小丘，为愚丘。自愚丘东北行六十步，得泉焉，又买居之，为愚泉。愚泉凡六穴，皆出山下平地，盖上出也。合流屈曲而南，为愚沟。遂负土累石，塞其隘，为愚池。愚池之东为愚堂，其南为愚亭，池之中为愚岛。嘉木异石错置，皆山水之奇者，以余故，咸以"愚"辱焉。

夫水，智者乐也。今是溪独见辱于愚，

何 哉？盖 其 流 甚 下，不 可 以 灌 溉；又 峻 急，多
hé zāi gài qí liú shèn xià bù kě yǐ guàn gài yòu jùn jí duō

坻 石，大 舟 不 可 入 也；幽 邃 浅 狭，蛟 龙 不 屑，
chí shí dà zhōu bù kě rù yě yōu suì qiǎn xiá jiāo lóng bú xiè

不 能 兴 云 雨，无 以 利 世，而 适 类 于 余。然 则
bù néng xīng yún yǔ wú yǐ lì shì ér shì lèi yú yú rán zé

虽 辱 而 愚 之，可 也。
suī rǔ ér yú zhī kě yě

译文

　　灌水的北面有一条小溪，往东流入潇水。有人说："过去有个姓冉的住在这里，所以把这条溪水叫做冉溪。"还有人说："溪水可以用来染色，人们用它的功能命名，叫它为染溪。"我因愚犯罪，被贬到潇水。我喜爱这条溪水，沿着它走了二三里，发现一个风景绝佳的地方，就在这里安家。古代有愚公谷，如今我把家安置在这条溪水旁，可是它的名字没人能定下来，当地的居民还在争论不休，看来不能不改名了，所以把它定名为"愚溪"。

　　我在愚溪上买了个小丘，叫做愚丘。从愚丘往东北走六十步，发现一处泉水，又买下来，叫它为愚泉。愚泉共有六个泉眼，都在山下平地，泉水都是往上涌出的。泉水合流后弯弯曲曲向南流去，经过的地方就叫作愚沟。于是运土堆石，堵住狭窄的泉水通道，筑成了愚池。愚池的东面是愚堂，南面是愚亭，池子中央是愚岛。美好的树木和奇异的岩石参差错落，这都是山水中瑰丽的景色，因为我的缘故，都用"愚"字玷污了它们。

　　水是聪明人所喜爱的。可现在这条溪水却被"愚"字辱没，这是为什么呢?因为它水道很低，不能用来灌溉；又险峻湍急，有很多浅滩和石头，大船进不去；幽深浅狭，蛟龙又不屑于此，不能兴云起雨，小溪对世人没有什么用处，正像我。这样，即使玷辱了它，用"愚"字来称呼它，也是可以的。

中华经典诗文诵读 四年级

第4课 石渠记

唐·柳宗元

自渴西南行不能百步,得石渠,民桥其上。有泉幽幽然,其鸣乍大乍细。渠之广或咫尺,或倍尺,其长可十许步。其流抵大石,伏出其下。逾石而往,有石泓,昌蒲被之,青鲜环周,又折西行,旁陷岩石下,北堕小潭。潭幅员减百尺,清深多鯈鱼。又北曲行纡余,睨若无穷,然卒入于渴。其侧皆诡石、怪木、奇卉、美箭,可列坐而休焉。风摇其巅,韵动崖谷。视之既静,其听始远。

予从州牧得之,揽去翳朽,决疏土石,既崇而焚,既酾而盈。惜其未始有传焉者,故累记其所属,遗之其人,书之其阳,俾后好事者求之得以易。

元和七年正月八日,蠲渠至大石。十月十九日,逾石得石泓小潭,渠之美于是始穷也。

译文

　　从袁家渴潭往西南走不到一百步，有一条石渠，当地人在石渠上建了小桥。有一泉，泉水缓缓地流淌，它流淌的声音时大时小。石渠的宽度有时一尺，有时二尺，它的长度有十步左右。它的水流遇到一块大的石头，就从大石头下流过。流过大石头再往前，就发现一个石潭，菖蒲覆盖着它，碧绿的苔藓环绕着它。渠水又转弯往西流，从岩石边流入石隙里，向北流入小潭中。小潭方圆不足一百尺，潭水清澈幽深，有许多鲦鱼在水中游来游去。渠水又往北迂回绕行，看着好像没有尽头，但最终流入渴潭。潭的一边全是奇异的石头、怪异的树木、奇异的花草、美丽的小竹，人可以并坐在那里休息。风吹动着花木的末梢，花木在风中发出的声音在山崖和山谷间回荡。看它们已经很宁静，但它们被风吹动所发出的声音才在远处传播。

　　我随柳州太守出游发现了这个地方，拨开阴郁的密林和腐烂的朽木，开掘和疏通淤土和乱石，把朽木乱草堆积起来烧掉，渠道疏通了，石渠里的水便满起来。可惜从来都没有人来写它，所以我把它全都记写下来，留给那些爱好山水的人，刻写在潭北面的石头上，使以后喜好游历的人能较容易地看到它。

　　元和七年（公元812年）正月初八，疏通渠水到达大石。十月十九日，越过石头发现了石泓小潭，石渠的美也就全部展现给人们了。

师生画廊

第5课　石涧记

唐·柳宗元

石渠之事既穷，上由桥西北下土山之阴，民又桥焉。其水之大，倍石渠三之，亘石为底，达于两涯。若床若堂，若陈筵席，若限阃奥。水平布其上，流若织文，响若操琴。揭跣而往，折竹扫陈叶，排腐木，可罗胡床十八九居之。交络之流，触激之音，皆在床下；翠羽之木，龙鳞之石，均荫其上。古之人其有乐乎此耶？后之来者有能追予之践履耶？得之日，与石渠同。

由渴而来者，先石渠，后石涧；由百家濑上而来者，先石涧，后石渠。涧之可穷者，皆出石城村东南，其间可乐者数焉。其上深山幽林逾峭险，道狭不可穷也。

译文

　　发现石渠的事情已经结束，从石渠的桥上向西北走，一直到土山的北坡，百姓又架了一座桥。这里比石渠的水量大三倍，接连不断的大石块布满水底，达到水的两岸。石块有的像床，有的像门堂的基石，有的像筵席上摆满菜肴，有的像用门槛隔开的内外屋。水流平铺在石头上像纺织物的花纹，水流的响声像是弹奏的琴声。拎着裤管赤脚蹚水，折断竹箭，扫除陈叶，拉开腐木，清出一块可排十八九张交椅的空地。交织的流水，激湍的水声，皆在椅下；像翠鸟羽毛般的树木，像鱼龙麟甲般的石块，都遮蔽在交椅之上。古时的人有曾在这里找到这种快乐的吗？以后的人，有能追随我的足迹来到这里的吗？得到石涧的高兴，与得到石渠相同。

　　从袁家渴来的人，先到石渠后到石涧；从百家濑到这里的人，先到石涧后到石渠。石涧的源头，都在石城村的东南，这里可以游览的地方还有好几个。那上面的深山老林更加险峻，道路狭窄不能走到尽头。

师生画廊

第6课 岳阳楼记

宋·范仲淹

庆历四年春，滕子京谪守巴陵郡。越明年，政通人和，百废具兴。乃重修岳阳楼，增其旧制，刻唐贤今人诗赋于其上。属予作文以记之。

予观夫巴陵胜状，在洞庭一湖。衔远山，吞长江，浩浩汤汤，横无际涯；朝晖夕阴，气象万千。此则岳阳楼之大观也，前人之述备矣。然则北通巫峡，南极潇湘，迁客骚人，多会于此，览物之情，得无异乎？

若夫霪雨霏霏，连月不开，阴风怒号，浊浪排空；日星隐曜，山岳潜形；商旅不行，樯倾楫摧；薄暮冥冥，虎啸猿啼。登斯楼也，则有去国怀乡，忧谗畏讥，满目萧然，感极而悲者矣。

至若春和景明，波澜不惊，上下天光，一碧万顷；沙鸥翔集，锦鳞游泳；岸芷汀兰，郁郁青青。而或长烟一空，皓月千里，浮光跃金，静影沉璧，渔歌互答，此乐何极！登斯楼也，则有心旷神怡，宠辱偕忘，把酒临风，其喜洋洋者矣。

嗟夫！予尝求古仁人之心，或异二者之为，何哉？不以物喜，不以己悲；居庙堂之高则忧其民，处江湖之远则忧其君。是进亦忧，退亦忧。然则何时而乐耶？其必曰"先天下之忧而忧，后天下之乐而乐"乎。

噫！微斯人，吾谁与归？

时六年九月十五日。

译文

　　庆历四年的春天，滕子京被贬为巴陵太守。到了第二年，政事顺利，百姓安居乐业，各种荒废了的事业都兴办起来了。于是重新修建岳阳楼，扩大它原楼的规模，把唐代名家和今人的诗赋刻在上面。嘱托我写一篇文章来记述这件事。

我看那巴陵郡的美好景色，全在洞庭一湖。它连接着远方的山脉，吞吐着长江的流水，浩浩荡荡，宽广无边，早晴晚阴，气象万千。这就是岳阳楼盛大壮观的景象，前人的记述已经很详尽了。然而北面通向巫峡，南面直到潇湘，被贬的政客和诗人，大多在这里聚会，看了自然景物而触发的感情，恐怕会有不同吧？

像那阴雨连绵，接连几个月不放晴，阴冷的风怒吼，浑浊的波浪冲向天空；日月星辰隐藏起了光辉，山岳也潜藏起了形体；商人和旅客不能前行，桅杆倒下、船桨折断；傍晚的天色暗了下来，虎在咆哮，猿在悲啼。这时登上这座楼啊，就会产生被贬离京、怀念家乡、忧惧诽谤、害怕讥讽的心境，放眼望去，满目萧条，感慨到了极点而悲伤。

至于春风和煦、阳光明媚的时候，湖面平静，波浪不兴，天色湖光相接，一片碧绿，广阔无际；沙洲上的鸥鸟时而飞翔时而停歇，美丽的鱼儿游来游去；岸边的白芷，小洲上的兰花，芳香浓郁，颜色青翠。或者是大片的烟雾完全消散，皎洁的月光一泻千里，月映水上闪耀着金光，水中静静的月影像沉下的玉璧；渔夫的歌声一唱一和，这种乐趣哪有穷尽呢！在这时登上岳阳楼，就会心怀开阔，精神愉快，荣耀和屈辱一并忘了，端着酒杯对着清风，那心情真是快乐极了。

唉！我曾经探求古代品德高尚的人的思想感情，或许不同于以上两种心情，这是什么原因呢？他们不因客观环境的美好而欢喜，也不因自身遭遇的不幸而悲伤。他们在朝廷就为百姓担忧，在远离朝廷的地方也为君主担忧。这样就是得志时也忧愁，失意时也忧愁。那么什么时候才快乐呢？他们一定说："在天、下人忧愁之前而忧愁，在天下人快乐之后而快乐吧！"唉！如果没有这种人，我同谁在一道呢？

时间是庆历六年九月十五日。

第2单元　写人叙事类

第7课　屈原列传（节选）

汉·司马迁

屈原者，名平，楚之同姓也。为楚怀王左徒。博闻强志，明于治乱，娴于辞令。入则与王图议国事，以出号令；出则接遇宾客，应对诸侯。王甚任之。

上官大夫与之同列，争宠而心害其能。怀王使屈原造为宪令，屈平属草稿未定，上官大夫见而欲夺之，屈平不与。因谗之曰："王使屈平为令，众莫不知，每一令出，平伐其功。曰以为'非我莫能为'也。"王怒而疏屈平。

屈平疾王听之不聪也，谗谄之蔽明也，邪曲之害公也，方正之不容也，故忧愁幽思而作《离骚》。

译文

  屈原名平，与楚国的王族同姓，曾担任楚怀王的左徒。他见闻广博，记忆力很强，通晓治理国家的道理，熟悉外交辞令。对内与怀王谋划商议国事，发号施令；对外接待宾客，应酬诸侯。怀王很信任他。

  上官大夫和他一同在朝为官，想争得怀王的宠幸，心里嫉妒屈原的才能。怀王让屈原制订法令，屈原起草尚未定稿，上官大夫见了就想据为己有，屈原没有给他。他就向怀王进谗言诋毁屈原说："大王叫屈原制订法令，大家没有不知道的，每一项法令发出，屈原就夸耀自己的功劳，说除了我，没有人能做。"怀王很生气，就疏远了屈原。

  屈原痛心怀王惑于小人而听不进忠言，被谗言和献媚之词蒙蔽了聪明才智，让邪恶的小人妨碍国家，正直君子不为朝廷所容，所以忧愁苦闷，写下了《离骚》。

师生画廊

第8课 王充书肆苦读

南朝·范晔（yè）

王充字仲任，会稽上虞人也，其先自魏郡元城徙焉。充少孤，乡里称孝。后到京师，受业太学，师事扶风班彪。好博览而不守章句。家贫无书，常游洛阳市肆，阅所卖书，一见辄能诵忆，遂博通众流百家之言。后归乡里，屏居教授。仕郡为功曹，以数谏争不合去。

充好论说，始若诡异，终有理实。以为俗儒守文，多失其真，乃闭门潜思，绝庆吊之礼，户牖墙壁各置刀笔。著《论衡》八十五篇，二十余万言，释物类同异，正时俗嫌疑。

译文

王充，字仲任，会稽上虞人，他的祖先是从魏国元城郡迁到这里居住的。王充年少时就失去了父亲，乡里人都称赞他孝顺。后来到京城，到太学里学习，拜扶风人班彪为师。喜欢博览群书，但是不死记章句。家里穷没有书，他就经常去逛洛阳集市上的书店，阅读那里所卖的书，看一遍就能够背诵，于是精通了百家之言。后来回到乡里，在家里教书。会稽郡征聘他为功曹，因为多次提建议，和上级意见不合而辞职。

王充擅长辩论，开始的话好像很诡异，最后却有实在的结论。他认为庸俗的读书人，大多都失去了儒家本质，于是闭门思考，谢绝一切庆贺、吊丧等礼节，窗户、墙壁都放着刀和笔。写作了《论衡》八十五篇，二十多万字，解释万物的异同，匡正时人的疑惑。

第9课 管宁割席

南朝·刘义庆

管宁、华歆共园中锄菜，见地有片金，管挥锄与瓦石不异，华捉而掷去之。又尝同席读书，有乘轩冕过门者，宁读如故，歆废书出看。宁割席分坐，曰："子非吾友也。"

译文

管宁和华歆一起在园中锄菜，看到地上有块金片，管宁依旧挥锄，视之如同瓦石一样，华歆却拣起来给扔了。俩人曾坐在一张席上读书，有达官贵人乘坐豪华的车子，穿着华丽的服装，从门前经过。管宁读书如故，华歆却丢下书，出去看。管宁就把席子割开，和华歆分席而坐，并说："你不是我的朋友。"

师生画廊

第10课 罴 说

唐·柳宗元

鹿畏貙，貙畏虎，虎畏罴。罴之状，被发人立，绝有力而甚害人焉。

楚之南有猎者，能吹竹为百兽之音。寂寂持弓矢、罂火而即之山，为鹿鸣以感其类，伺其至，发火而射之。貙闻其鹿也，趋而至。其人恐，因为虎而骇之。貙走而虎至，愈恐，则又为罴，虎亦亡去。罴闻而求其类，至则人也，捽搏挽裂而食之。

今夫不善内而恃外者，未有不为罴之食也。

译文

鹿害怕貙，貙害怕虎，虎又害怕罴。罴的样子是头上披着长发，好像人一样站着，非常有力而且会严重地伤害人。

楚国的南部有个打猎的人，能用竹笛模仿出各种野兽的叫声。传说他悄悄地拿着弓、箭、装火药的罐子和火种来到山上，模仿鹿的叫声引诱鹿出来，等到鹿一出来，便点火照明，用箭射击。貙听到了鹿的叫声，快速地跑过来了，猎人见到貙很害怕，于是就模仿虎的叫声来吓唬它。貙被吓跑了，虎又赶来了，猎人更加惊恐，就又吹出罴的叫声来，虎又被吓跑了。这时，罴听到了就出来寻找同类，找到的却是人，便将猎人揪住撕得七零八碎地吃掉了。

现在那些没有真正的本领却专门依靠外部力量的人，没有一个不成为罴的食物的。

第11课　孙权劝学

宋·司马光

初，权谓吕蒙曰："卿今当涂掌事，不可不学！"蒙辞以军中多务。权曰："孤岂欲卿治经为博士邪？但当涉猎，见往事耳。卿言多务，孰若孤？孤常读书，自以为大有所益。"蒙乃始就学。

及鲁肃过寻阳，与蒙论议，大惊曰："卿今者才略，非复吴下阿蒙！"蒙曰："士别三日，即更刮目相待，大兄何见事之晚乎！"肃遂拜蒙母，结友而别。

古文选粹

译文

起初，吴王孙权对吕蒙说道："你现在身当要职掌握重权，不可不学习啊！"吕蒙以军中事务繁多为理由推辞。孙权说："我难道是想要你成为钻研经书的学者吗？只是应当广泛阅读书籍，了解历史大事。你说事务繁多，能比得上我吗？我常常读书，感到获得了很大的收益。"吕蒙于是开始学习。

等到鲁肃路过寻阳时，与吕蒙论说天下大事，鲁肃听到吕蒙的见解后惊奇地说："你如今的才干谋略，不再是过去的吴下阿蒙了！"吕蒙说："和有志气的人分别数日后，就应当用新的眼光看待他，老兄怎么看到事物的变化这么晚呢！"鲁肃于是到内堂拜见吕蒙的母亲，与吕蒙结为好友，然后告别而去。

第12课　正午牡丹

宋·沈括

ōu yáng gōng cháng dé yī gǔ huà mǔ dan cóng qí xià yǒu
欧 阳 公 尝 得 一 古 画 牡 丹 丛，其 下 有

yì māo wèi zhī qí jīng cū chéng xiàng zhèng sù wú gōng yǔ ōu gōng
一 猫，未 知 其 精 粗。丞 相 正 肃 吴 公 与 欧 公

yīn jiā yí jiàn yuē cǐ zhèng wǔ mǔ dan yě hé yǐ míng
姻 家，一 见，曰："此 正 午 牡 丹 也。何 以 明

zhī qí huā pī chǐ ér sè zào cǐ rì zhōng shí huā yě māo yǎn
之？其 花 披 哆 而 色 燥，此 日 中 时 花 也。猫 眼

hēi jīng rú xiàn cǐ zhèng wǔ māo yǎn yě yǒu dài lù huā zé fáng
黑 睛 如 线，此 正 午 猫 眼 也。有 带 露 花，则 房

liǎn ér sè zé māo yǎn zǎo mù zé jīng yuán rì jiàn zhōng xiá cháng
敛 而 色 泽。猫 眼 早 暮 则 睛 圆，日 渐 中 狭 长，

zhèng wǔ zé rú yī xiàn ěr cǐ yì shàn qiú gǔ rén bǐ yì yě
正 午 则 如 一 线 耳。"此 亦 善 求 古 人 笔 意 也。

译文

　　欧阳修曾得到一幅古画，画上是一丛牡丹，牡丹下有一只猫。欧阳修不知道这幅画好还是不好。丞相吴育和欧阳修是儿女亲家，他看到这幅古画后说："这是正午的牡丹呀！根据什么判断的呢？画中的牡丹张口开放，颜色干燥，这是花在正午时的样子。猫的瞳孔缩成一条线，也正是正午时猫眼的样子。如果是带有露水的花，那么花心是聚拢着的，而且颜色显得光泽滋润。猫的瞳孔早晚都是圆的，太阳渐渐升高，猫眼的瞳孔渐渐变得狭长，到正午就像一条线了。"这可算是善于探求古人绘画的意趣啊。

中华经典诗文诵读 四年级

112

第13课 谏逐客书（节选）

秦·李斯

chén wén dì guǎng zhě sù duō guó dà zhě rén zhòng bīng qiáng
臣 闻 地 广 者 粟 多，国 大 者 人 众，兵 强

zé shì yǒng shì yǐ tài shān bú ràng tǔ rǎng gù néng chéng qí
则 士 勇。是 以 泰 山 不 让 土 壤，故 能 成 其

dà hé hǎi bù zé xì liú gù néng jiù qí shēn wáng zhě bú què
大；河 海 不 择 细 流，故 能 就 其 深；王 者 不 却

zhòng shù gù néng míng qí dé shì yǐ dì wú sì fāng mín wú yì
众 庶，故 能 明 其 德。是 以 地 无 四 方，民 无 异

guó sì shí chōng měi guǐ shén jiàng fú cǐ wǔ dì sān wáng zhī
国，四 时 充 美，鬼 神 降 福，此 五 帝、三 王 之

suǒ yǐ wú dí yě jīn nǎi qì qián shǒu yǐ zī dí guó què bīn kè
所 以 无 敌 也。今 乃 弃 黔 首 以 资 敌 国，却 宾 客

yǐ yè zhū hóu shǐ tiān xià zhī shì tuì ér bù gǎn xī xiàng guǒ
以 业 诸 侯，使 天 下 之 士，退 而 不 敢 西 向，裹

zú bú rù qín cǐ suǒ wèi jiè kòu bīng ér jī dào liáng zhě yě
足 不 入 秦，此 所 谓"藉 寇 兵 而 赍 盗 粮"者 也。

fú wù bù chǎn yú qín kě bǎo zhě duō shì bù chǎn yú
夫 物 不 产 于 秦，可 宝 者 多；士 不 产 于

qín ér yuàn zhōng zhě zhòng jīn zhú kè yǐ zī dí guó sǔn mín yǐ
秦，而 愿 忠 者 众。今 逐 客 以 资 敌 国，损 民 以

yì chóu nèi zì xū ér wài shù yuàn yú zhū hóu qiú guó wú wēi
益 仇，内 自 虚 而 外 树 怨 于 诸 侯，求 国 无 危，

bù kě dé yě
不 可 得 也。

古文选粹

译文

我听说土地广就粮食多，国家大就人口众，军队强大将士就骁（xiāo）勇。因此，泰山不拒绝泥土，所以能成就它的高大；江河湖海不舍弃细流，所以能成就它的深邃（suì）；建立王业的人不嫌弃民众，所以能彰明他的德行。因此，土地不分东西南北，百姓不论异国他邦，一年四季富裕美好，天地鬼神降赐福运，这就是五帝、三王无可匹敌的缘故。现在秦国却抛弃百姓让他们去帮助敌国，拒绝宾客让他们去侍奉诸侯，使天下的贤士退却而不敢西进，裹足止步不入秦国，这就叫做"借武器给敌寇，送粮食给盗贼"啊。

物品中不出产在秦国，而宝贵的却很多；贤士中不出生于秦，愿意效忠的很多。如今驱逐宾客来资助敌国，减损百姓来充实对手，内部自己造成空虚而外部在诸侯中构筑怨恨，要谋求国家没有危难，是不可能的啊。

师生画廊

第14课　勿以善小而不为

东汉·刘备

zhèn chū jí dàn xià lì ěr　　hòu zhuǎn zá tā bìng dài
朕 初 疾 但 下 痢 耳，后 转 杂 他 病，殆

bú zì jì rén wǔ shí bù chēng yāo nián yǐ liù shí yǒu yú
不 自 济。人 五 十 不 称 夭，年 已 六 十 有 余，

hé suǒ fù hèn bú fù zì shāng dàn yǐ qīng xiōng dì wéi niàn
何 所 复 恨，不 复 自 伤。但 以 卿 兄 弟 为 念。

shè jūn dào shuō chéng xiāng tàn qīng zhì liàng shèn dà zēng xiū guò yú
射 君 到，说 丞 相 叹 卿 智 量，甚 大 增 修，过 于

suǒ wàng shěn néng rú cǐ wú fù hé yōu miǎn zhī miǎn zhī
所 望，审 能 如 此，吾 复 何 忧？勉 之，勉 之！

wù yǐ è xiǎo ér wéi zhī wù yǐ shàn xiǎo ér bù wéi wéi xián wéi
勿 以 恶 小 而 为 之，勿 以 善 小 而 不 为。惟 贤 惟

dé néng fú yú rén rǔ fù dé bó wù xiào zhī kě dú hàn
德，能 服 于 人。汝 父 德 薄，勿 效 之。可 读《汉

shū lǐ jì xián xiá lì guān zhū zǐ jí liù tāo shāng jūn
书》《礼 记》，闲 暇 历 观 诸 子 及《六 韬》《商 君

shū yì rén yì zhì wén chéng xiāng wèi xiě shēn hán guǎn
书》，益 人 意 智。闻 丞 相 为 写《申》《韩》《管

zǐ liù tāo yì tōng yǐ bì wèi sòng dào wáng kě zì gèng qiú
子》《六 韬》一 通 已 毕，未 送，道 亡，可 自 更 求

wén dá
闻 达。

译文

　　我最初只是得了一点痢疾而已，后来转而得了其他的病，恐怕难以挽救自己了。五十岁的人死不能称为夭折，我已经六十多了，又有什么可遗憾的呢？所以不再为自己感伤，只是惦念你们兄弟。射援先生来了，说丞相诸葛亮惊叹你的智慧和气量，有很大的进步，远比他所期望得要好，真是这样，我又有什么可忧虑的啊！努力啊，努力！不要因为坏事很小而去做，不要因为善事很小而不去做。只有拥有才能和高尚品德，才能使别人信服。你父亲我德行不深厚，你不要效仿。可以读一下《汉书》《礼记》，有空时读一下先秦诸子以及《六韬》《商君书》，对人的思想和智慧会有很大帮助。听说丞相已经为你抄写完一遍《申子》《韩非子》《管子》《六韬》，还没给你，就在路上丢失了，你自己可以再找有学问的人学习这些东西。

第15课 日喻说（节选）

宋·苏轼

生而眇者不识日，问之有目者。或告之曰："日之状如铜盘。"扣盘而得其声。他日闻钟，以为日也。或告之曰："日之光如烛。"扪烛而得其形。他日揣籥，以为日也。日之与钟、籥亦远矣，而眇者不知其异，以其未尝见而求之人也。

道之难见也甚于日，而人之未达也，无以异于眇。达者告之，虽有巧譬善导，亦无以过于盘与烛也。自盘而之钟，自烛而之籥，转而相之，岂有既乎？故世之言道者，或即其所见而名之，或莫之见而意之，皆求道之过也。

译文

　　一出生就双目失明的人不认识太阳，向有眼睛的人问太阳是什么样子。有的人告诉他说："太阳的样子像铜盘。"敲铜盘就听到了它的声音。有一天他听到了钟声，就把发出声音的钟当作太阳。有的人告诉他说："太阳的光像蜡烛。"用手摸蜡烛就晓得了它的形状。有一天，他抚摸一支形状像蜡烛的短笛，就把它当作太阳。太阳和敲的钟、吹奏的短笛差别也太远了，但是天生双眼失明的人却不知道它们之间有很大的差别，因为他不曾亲眼看见而是向他人求得太阳的知识啊。

　　抽象的"道"比太阳更难认识，而人们不通晓道的情况与生来就不认识太阳的盲人没有什么不同。通晓道的人告诉人们，即使有巧妙的比喻和很好的诱导，也无法超过铜盘和蜡烛这类比喻。从用铜盘比喻太阳到把钟声当作太阳，从铜盘联系到钟，从蜡烛联系到篇，像这样辗转地推导，难道还有个完吗？所以世上大谈"道"的人，有的就他自己的理解来阐明它，有的没有理解它却主观猜测它，这都是研求"道"的弊病。

师生画廊

第16课　爱莲说

宋·周敦颐

shuǐ lù cǎo mù zhī huā kě ài zhě shèn fán jìn táo yuān
水 陆 草 木 之 花，可 爱 者 甚 蕃。晋 陶 渊

míng dú ài jú zì lǐ táng lái shì rén shèn ài mǔ dan yú dú
明 独 爱 菊。自 李 唐 来，世 人 甚 爱 牡 丹。予 独

ài lián zhī chū yū ní ér bù rǎn zhuó qīng lián ér bù yāo zhōng tōng
爱 莲 之 出 淤 泥 而 不 染，濯 清 涟 而 不 妖，中 通

wài zhí bú màn bù zhī xiāng yuǎn yì qīng tíng tíng jìng zhí kě yuǎn
外 直，不 蔓 不 枝，香 远 益 清，亭 亭 净 植，可 远

guān ér bù kě xiè wán yān
观 而 不 可 亵 玩 焉。

yú wèi jú huā zhī yǐn yì zhě yě mǔ dan huā zhī fù
予 谓 菊，花 之 隐 逸 者 也；牡 丹，花 之 富

guì zhě yě lián huā zhī jūn zǐ zhě yě yī jú zhī ài táo hòu
贵 者 也；莲，花 之 君 子 者 也。噫！菊 之 爱，陶 后

xiǎn yǒu wén lián zhī ài tóng yú zhě hé rén mǔ dan zhī ài yí
鲜 有 闻；莲 之 爱，同 予 者 何 人？牡 丹 之 爱，宜

hū zhòng yǐ
乎 众 矣。

译文

　　水中、陆上各种草木的花，可爱的非常多。晋朝陶渊明唯独喜爱菊花。从唐朝以来，人们非常喜爱牡丹。我唯独喜爱莲花，它从污泥中长出来，却不受到污染，在清水里洗涤却不显得妖媚，它的茎中间贯通，外形挺直，不枝枝节节的，香气远播，笔直洁净地立在那里，可以远远地观赏但是不能贴近去轻慢地玩弄啊。

　　我认为，菊花是花中的隐士；牡丹，是花中的富贵者；莲花，是花中的君子。唉！对于菊花的爱好，陶渊明以后很少听到了。对于莲花的爱好，像我一样的还有什么人呢？对于牡丹的爱好，人数当然就很多了。

《中华经典诗文诵读》A星量化表（四年级）

（诵诗文·得A星·做状元·我能行）

板块名称		课单目录	单课A值	同伴评价	亲子评价	教师评价	课单目录	单课A值	同伴评价	亲子评价	教师评价
经典诗词42A		1-1	3A				2-1	3A			
		1-2	3A				2-2	3A			
		1-3	3A				2-3	3A			
		1-4	3A				2-4	3A			
		1-5	3A				2-5	3A			
		1-6	3A				2-6	3A			
		韵-1	3A				韵-2	3A			
分类诗词12A		中秋重阳	3A				元宵佳节	3A			
		新春佳节	3A				清明端午	3A			
蒙学诵读30A		第1课	3A				第6课	3A			
		第2课	3A				第7课	3A			
		第3课	3A				第8课	3A			
		第4课	3A				第9课	3A			
		第5课	3A				第10课	3A			
百家览胜30A	《孟子》	第1课	3A				第4课	3A			
		第2课	3A				第5课	3A			
		第3课	3A				第6课	3A			
	《荀子》	第1课	3A				第3课	3A			
		第2课	3A				第4课	3A			
古文选粹32A		第1课	2A				第9课	2A			
		第2课	2A				第10课	2A			
		第3课	2A				第11课	2A			
		第4课	2A				第12课	2A			
		第5课	2A				第13课	2A			
		第6课	2A				第14课	2A			
		第7课	2A				第15课	2A			
		第8课	2A				第16课	2A			
评价标准（146A）		1. 诵读原文评价方式，以检查者对诵读者检查合格后，手写签名为准。									
		2. 每学期获得诗文诵读40A的，即可获得"班级诗文小状元"称号，由班级颁发证书。									
		3. 每学期获得诗文诵读50A的，即可获得"年级诗文小状元"称号，由年级颁发证书。									
		4. 每学期获得诗文诵读60A的，即可获得"校级诗文小状元"称号，由学校颁发证书。									
		5. 学生可以根据个人兴趣，从任何一课（级）入手诵读，积累越来越多的A值。									